네가 진짜 하고 싶은 말은 뭘까?

예게

내가 진짜
하고 싶은
말

이 도서의 국립중앙도서관 출판예정도서목록(CIP)은
서지정보유통지원시스템 홈페이지(http://seoji.nl.go.kr)와
국가자료공동목록시스템(http://www.nl.go.kr/kolisnet)에서 이용하실 수 있습니다.
(CIP제어번호: CIP2018024573)

청소년을 위한 인문학 콜라보 2

정수임 지음

내가 진짜
#하고 싶은말

이야기로 만나고
질문으로 생각하는

**십 대들의
일상 속 페미니즘**

서유재

"페미니즘이란
성차별주의와 그에 근거한 착취와 억압을
끝내려는 운동이다."

#벨 훅스

차례

1장 · **X의 세계**

1장 ▸ X의 세계

#우리 집 서열은 누가 정한 걸까?

"오늘은 아빠가 집에 계셔서 안 돼", "아빠한테 먼저 물어 보고" 평소 당연하게 하던 말이나 행동을 돌아보면 아빠 중심으로 돌아가는 것이 굉장히 많아. 집에서 가장 중요한 사람, 가장 존중받아야 하는 사람은 아빠라고 정해져 있는 거지.

FEMINIST

비빔국수 하랬잖아

"비빔국수 한 그릇 해 달라니까, 별것도 아닌 걸 안 해 줘?"

아빠는 탁 소리가 나게 젓가락을 식탁 위에 내려놓았다. 엄마가 작은 목소리로 말했다.

"애들이 낮에 라면을 먹었어. 반찬도 많은데 그냥 먹어요."

"됐어. 난 안 먹어."

아빠는 벌떡 자리에서 일어났다. 이어서 안방 문이 '쾅' 하고 닫혔다.

"그냥 좀 먹지……."

엄마의 혼잣말이 식탁 위를 맴도는 것도 잠시, 눈치라고는 삶아 먹은 오빠가 투덜거렸다.

"아, 하라는 대로 좀 하지. 아빠 성격 다 알면서."

가만히 있으려고 했지만 나도 모르게 울컥해서 오빠에게 따지고 말았다.

"왜 오빠까지 그래?"

"답답해서 그런다. 한두 번도 아니고 맨날 이게 뭐야?"

"시금 세일 속상할 사람은 엄마거든?"

"둘 다 그만하고 밥 먹어."

엄마가 낮은 목소리로 말했다. 속이 끓었지만 입을 다물고 수저를 들었다. 말다툼이 길어지면 아빠가 방문을 열고 나와 "왜 이렇게 시끄러워?" 하고 고함칠까 봐 두렵기도 했다.

한동안 식탁에는 숟갈 젓갈 소리만 들렸다. 그사이 안방 문 너머에서 텔레비전 소리가 왁자지껄하게 흘러나온다. 엄마, 나, 오빠가 불안한 식탁을 마주하는 동안 아빠는 침대에 누워 텔레비전을 보고 있다. 뭐가 그렇게 재밌는지 낄낄거리기까지 하면서.

아빠의 웃음소리가 들려올 때마다 나는 엄마의 눈치를 살폈다. 엄마의 표정에는 아무 변화가 없다. 노골적으로 인상을 쓰며 공연히 수저를 덜그럭거리는 오빠와는 정반대다.

나는 뭔가 이야기를 꺼내 보려고 몇 번이나 입을 열었다가 다시 다물었다. 이럴 때는 늘 무슨 말을 해야 할지 알 수가 없다. 엄마의 기분을 풀어 줄 만한 말을 하고 싶지만 오히려 내 말이 엄마를 더 속상하게 만들까 봐 겁이 난다.

하다못해 눈빛으로라도 내 마음을 전하고 싶다.

하지만 엄마는 이럴 때 내 얼굴을 보지 않는다. 방금 오빠와 다뤘을 때도 그랬다. 문제가 있으면 엄마는 제일 먼저 아빠, 다음에는 오빠의 기분을 살핀다. 그게 엄마가 우리 가정의 평화를 지키는 방법이다.

나는 입 안으로 빠르게 밥을 밀어 넣고 내 방으로 들어왔다. 아빠는 잠시 후 기어코 비빔국수가 차려진 밥상을 받게 될 것이다.

나는 폰을 들고 침대에 벌렁 드러누웠다. 메시지 창 맨 위에는 언제나처럼 우철이와의 톡방이 올라와 있다.

아, 짜증 나.

왜?

아니, 아빠가 저녁밥도 안 먹고 문 쾅 닫고 들어가잖아. 엄마가 비빔국수 안 해 주고 그냥 밥 줬다고.

헐, 실화임?

어. 더 짜증 나는 건 뭔 줄 알아? 오빠란 새끼도 엄마한테 짜증 내고, 지금 엄마 비빔국수 삶고 있음.

와, 그건 심했다.

밥, 누가 해? 엄마가 하잖아. 근데 왜들 '맘에 드네, 안 드네'야. 숟가락 하나 놓을 줄 모르면서.

엄마가 많이 속상하셨겠다. 그런데 너네 아빠 자주 그러시지 않아?

그래! 그러니까 더 화나는 거야. 뭐든 다
자기 맘대로야. 작년 여름 일만 해도…….

워, 워, 스톱. 그 얘기 나오면 김연수
오늘 분통 터져서 잠 못 잔다.

작년 여름방학을 생각하면 지금도 분이 솟구친다.

엄마는 전부터 남해에 가고 싶어 했다. 웬일로 아빠도 흔쾌히 찬
성해서, 엄마는 거의 일 년 가까이 여행을 기대하며 계획을 짰다. 코
스도 다 정하고 숙소 예약도 마쳤다. 그런데 휴가를 일주일 앞두고
아빠가 갑자기 마음을 바꿨다. 우리 집에선 아빠가 왕이고 법이다.
결국 여행은 없던 일이 되었다.

그것도 모자라 휴가 기간인 일주일 내내 아빠랑 집에 있어야 했
다. 아빠는 아무것도 안 하고 소파에 누워만 있으면서 시킬 건 뭐
가 그렇게 많은지 물 떠 와라, 커피 타 와라, 집 안이 왜 이렇게 어지
럽냐…….

내가 분을 삭이느라 말이 없자 우철이가 위로하듯 말을 걸어왔다.

우리 집 같으면 대판 싸움이 났을 텐데.
너네 엄마가 너무 착하셔서 그런가 봐.

야, 착하다는 게 뭐냐? 남의 기분 맞춰 주는 게 착한 거야? 그런 게 착한 거면 난 그냥 못된 사람 할래!

아니, 그런 뜻이 아니라…….

너한테 화내는 거 아냐. 그냥 내가 속상해서 그래. 아무 말도 못하는 엄마한테도 화가 나지만, 나도 막상 아빠나 오빠 앞에 서면 엄마랑 똑같아지는 것 같아. 혼나거나 싸움 날까 봐 기분 나쁜 것도 참고, 하고 싶은 말도 못 해. 그래서 더 화가 나나 봐.

응. 이해할 것 같아.

사실은 나라도 엄마 편 들고 싶은데, 엄마한테 뭐라고 말해야 할지도 모르겠고…….

너네 엄마가 네 마음 다 아실 거야.

휴…… 모르겠다. 그래도 얘기 들어 줘서 고마워. 내일 개학이지?

그러게. 벌써 개학이네. 내일 보자.

내일 봐!

우철이랑 톡으로 얘기라도 하면 기분이 좀 풀릴 줄 알았다. 우철이는 우리 집 남자들과는 달리 그래도 말이 통하는 편이니까. 하지만 화는 조금 가라앉았어도 마음은 여전히 답답했다. 어차피 우철이한테 하소연을 해도 문제가 해결되는 것은 아니다. 아빠한테 화가 나는 건지 엄마한테 화가 나는 건지도 잘 모르겠다.

밖에서는 아빠가 후루룩거리며 비빔국수를 먹고 있다. 소리만 들어도 짜증이 난다. 아빠가 젓가락을 내려놓으며 말했다.

"그러니까 처음부터 해 줬으면 좋았잖아."

엄마는 아무 말도 하지 않았다. 침묵은 엄마가 아빠한테 반항하기 위한 유일한 무기다. 하지만 그 무기는 그렇게 강하지 못하다. 아빠는 어차피 아침에 나가서 저녁이나 되어야 들어오고, 며칠 지나면 아무 일 없었던 듯 일상이 반복될 테니까. 그동안 집에서 침묵의 시간을 견뎌야 하는 건 나다. 그럴 땐 잘못한 거 없이 벌 받는 기분이 된다.

내일은 새롭게 2학년이 시작되는 날이다. 새 학기엔 항상 올해는 더 잘해 보자고 다짐하지만 오늘은 아무래도 그런 기분이 되지 않는다. 우리 가족은, 나와 엄마의 생활은 앞으로도 계속 이럴까? 달라질 수는 없을까?

엄마는 왜 결국 비빔국수를
하고 마는 걸까?

그거야 아빠가 집안 서열 1위이기 때문이지.

"에이~ 우리 집은 아닌데"라면 다행이야. 하지만 정말 그런지는 다시 생각해 보았으면 해. "아빠 아직 안 드셨으니까 기다려라", "아빠 안 계시니까 대충 먹자" 같은 말, 많이 듣지 않아? 혹시 우리 집만 그러는 건 아니지?

그뿐이 아니야. "오늘은 아빠가 집에 계셔서 안 돼", "아빠한테 먼저 물어 보고"처럼 평소 당연하게 하던 말이나 행동을 돌아보면 아빠 중심으로 돌아가는 것이 굉장히 많아. 집에서 가장 중요한 사람, 가장 존중받아야 하는 사람은 아빠라고 정해져 있는 거지.

그럼 아빠가 서열 1위인 이유는 뭘까? 원래 그런 거 아니냐고? 맞아. 아빠가 서열 1위인 이유는 '옛날부터 그랬으니까'야. 좀 허무하지?

아주 옛날 힘이 센 남자들은 사냥이나 전쟁에서 여자보다 더 큰 역할을 하였고 그 결과 남자들의 권력은 점점 커졌지. 그러다 보니 어느 순간부터 여자는 재산도 상속받기 어렵고, 일을 해도 남자만큼 돈을 벌 수 없었어. 오랜 세월 이런 상태가 계속되면서 가정에서 남자 어른이 서열 1위를 차지하는 것이 당연한 것처럼 되었어. 이제 여자도 남자와 동등하게 자기 권리를 가질 수 있는 세상이 되었는데도 그동안 굳어진 사고방식이 세대를 거치면서 계속 학습되고 있는 거야.

엄마 역시 어릴 때부터 할머니가 할아버지의 말에 무조건 따르는 모습을 보아 왔을 거야. 할아버지 위주로 돌아가는 집안, 거기 수긍하는 가족들의 모습을 보면서 남성의 권위를 학습했겠지. 그래서 엄마는 아빠의 행동에 속이 상하면서도, 아빠의 말을 따르는 것 외에는 다른 방법을 알지 못해. 엄마가 비빔국수를 하는 행동 역시 결과적으로 나와 오빠에게 남성의 권위를 학습시키는 게 되겠지. 엄마가 의도한 것은 아니겠지만 말이야.

연수의 아빠도 마찬가지야. 어렸을 때부터 줄곧 그런 모습을 보아 왔으니, 자신의 행동이 당연한 줄 알고 가족들에게 어떻게 보이는지는 생각하지 못하는 거야.

이것은 연수의 아빠, 엄마 개인의 문제이기도 하지만 동시에 오랫동안 남성에게만 권력을 쥐여 준 사회의 문제이기도 해. 연수가 화를 내면서도 누구한테 화가 나는지 잘 알 수 없는 것, 어디서부터 문제를 해결해야 할지 모르겠는 것도 이 때문이지.

FEMINIST

#가부장제

가부장제란 한 사람의 가장이 가족 구성원 전체를 지배하는 제도다. 여기서 '가장'은 가족의 우두머리를 의미하며 대체로 아버지가 이 역할을 수행하기 때문에 가부장家父長이라고 불린다.

가부장제 가족 안에서 아버지는 가족의 재산을 소유하고 가족을 대표하며, 가족 구성원에게 명령을 할 권리, 벌을 줄 권리도 가지고 있다. 구성원의 직업 선택이나 혼인에 대해서도 가장이 결정권을 가진다. 이렇게 막강한 가부장의 권한은 세습에 의해 다른 남성에게 넘어간다. 이에 따라 장남 등 다음 가장 후보인 남성들도 집안에서 권력을 갖게 된다.

가부장제는 가족에 대한 남성의 지배를 정당화할 뿐 아니라 사회 전반에 걸쳐 아이, 노인, 여성에 대한 성인 남성의 지배를 퍼뜨린다. 가족 구성원이 가장에게 순종하듯이, 어린이는 어른에게, 여성은 남성에게 순종하는 구조가 사회 전체에서 구조화되는 것이다. 사회학자 베버는 구성원이 우두머리에게 순종하고 그 대가로 땅이나 권력을 받는 전통적인 통치 체제가 가부장제에서 비롯했다고 말한다.

자본주의 사회가 되면서 상속 재산 못지않게 개개인의 경제 활동이 중요해지고, 집안에서 가장의 권위는 상대적으로 줄어들게 되었다. 하지만 가부장제로 인해 경제 활동 권리가 제한된 여성들은 여전히 남성에게 의존해야 했다. "여성은 스스로 자립할 수 없으며, 가정에 소속되어 남성의 보호를 받는 것이 행복하다"는 생각은 이런 상황에서 만들어졌다.

드라마나 만화를 보면 아버지가 세상을 떠날 때 아들에게 "엄마와 누나를 부탁한다" 같은 말을 하는 장면을 흔하게 볼 수 있다. 결혼식 장면에서 신부의 아버지가 신랑에게 "딸을 잘 부탁하네"라고 말하며 악수를 나누는 모습도 사뭇 감동적으로 그려진다. 여성은 나이나 경제력에 상관없이 아버지, 남편, 남자 형제 등 남성 가족 구성원으로부터 보호받아야 하는 존재로 여겨지는 것이다.

단순히 가장이 얼마나 권력이 있느냐를 떠나서 이렇게 "여성이 여성이라는 이유만으로 남자로부터 보호받는 지위에 머무는 사회적 체계"가 가부장제의 핵심이라고 보기도 한다. 이런 상황에서 여성의 결혼은 선택이 아닌 필수가 된다. 또 중요한 결정을 할 때도 '보호자인 남자'의 의견에 휘둘릴 수밖에 없다. 이를 두고 초기 페미니스트들은 여성의 입장에서 결혼은 하나의 노동 계약이며 가부장제가 결혼을 통해 여성의 노동력을 착취한다고 주장했다.

시대가 변하면서 여성의 경제 활동이 늘어나고, 가장과 남성의 권위는 과거에 비해 줄어들고 있다. 하지만 가부장제는 여전히 우리 삶에 영향을 끼치고 있다. 자식이 진로나 진학을 놓고 아버지의 허락을 얻지 못해 갈등을 빚는 것, 결혼을 하려는 신랑이 신부의 아버지에게서 허락을 받는 것, 장남은 집안 전체를 위해 행동하라고 요구받는 것 등이 모두 가부장제에서 비롯한 사고방식이다.

#같은 상황, 같은 말, 다른 힘

어른이 어른이란 사실만으로 권력을 가지듯이, 남자는 그냥 남자라는 사실만으로도 더 큰 권력을 갖는 것이 사실이야.

아저씨, 뭐 하시는 겁니까?

　새롭게 한 학기가 시작되는 건 좋지만 어느 학교나 3월 2일이 개학인 건 반대다. 왜 다들 같은 날 개학을 해서 등굣길 버스를 이 지경으로 만들어 놓는지 모르겠다. 버스는 갑자기 늘어난 학생들과 출근하는 직장인들로 터지기 일보직전이다. 작년엔 이 상황을 피해 보려고 조금 일찍 학교를 갔는데, 오늘은 오랜만에 학교에 가다 보니 시간 조절에 실패하고 말았다. 앞 차만 탔어도 괜찮았을 텐데.

　겨울 외투에 가방까지 든 사람들로 꾸역꾸역 들어찬 버스에서 발 디딜 곳을 찾으려고 애쓰고 있을 때였다. 버스 안에 웬 굵은 남자 목소리가 울려퍼졌다.

　"아저씨, 지금 뭐 하시는 겁니까?"

　"나요? 내가 뭐요?"

　다른 아저씨 한 사람이 화난 목소리로 답한다. 굵은 목소리의 주인공이 다시 말했다.

　"아까부터 아저씨가 이 여학생 다리에 자꾸 손대고 있잖아요."

　일순 버스 안은 정적. 꽉꽉 들어찬 사람들 건너편에, 청바지에

패딩을 입은 아저씨와 자리에 앉아 있는 말쑥한 차림의 아저씨가 보였다. 그 앞에는 교복을 입은 학생이 귀까지 빨개진 채 고개를 숙이고 있다.

앉아 있던 아저씨가 곧 눈을 부라렸다.

"뭐! 이 사람이 무슨 소리야! 내가 언제 그랬어?"

이어서 아저씨는 학생을 향해 소리쳤다.

"학생, 내가 그랬어? 어디 한번 말해 봐! 학생이 한번 말해 보라고. 가만있지만 말고!"

"제가 봤는데 뭐가 더 필요해요? 그렇게 다그치면 얘가 말을 하겠어요!"

"허, 참. 젊은 사람이 뭐라는 거야. 기사 양반! 버스 세워 줘요."

"어딜 그냥 가시려구요? 사과하고 가세요."

버스 안의 공기가 두 남자를 중심으로 왔다 갔다 출렁거리는 듯했다.

그때 아는 목소리가 들렸다. 언제 탔는지 근처에 서 있던 우철이였다.

"저도 봤어요. 아까 아저씨가 얘 치마 언저리 만지는 거."

우철이까지 나서자 기세등등하던 아저씨의 목소리가 수그러들었다.

"아니, 왜 자꾸 만졌다고 그래……. 내가 만진 게 아니고, 사람이 많으니까 쟤가 내 쪽으로 기울어져 닿은 거라구. 만지긴 내가 뭘……."

"사과 안 하실 겁니까?"

"아 그래, 미안하게 됐어! 나는 내려야겠어. 비켜들, 구경 났어?"

아저씨는 버럭 소리를 지르며 황급히 버스에서 내렸다. 버스 안은 잠시 술렁대다 다시 조용해졌지만 흘끔거리며 여학생을 보는 시선까지 사라진 건 아니었다. 새로 산 티가 나는 우리 학교 교복을 입은 아이였다. 분명 신입생일 텐데, 아침부터 참 재수 없겠다는 생각이 들었다.

"학생, 많이 놀랐지요? 괜찮아요?"

패딩 아저씨가 말했다. 학생은 고개를 숙인 채 작게 대답했다.

"괜찮아요. 감사합니다."

다행히 버스는 곧 학교 앞 정류장에 도착했다. 많은 아이들이 그 버스에서 내렸다. 패딩 아저씨도 같은 정류장에서 내렸다. 먼저 내린 나는 우철이가 내릴 때까지 기다렸다.

"야, 한우철. 버스 언제 타고 있었냐?"

"너 타기 전에. 흐흐."

"너 완전 사이다였어."

"뭘. 나도 그 아저씨가 먼저 말해 줘서 나섰지 안 그랬으면 속으로 욕만 하다 끝났을 거야."

"그래도. 내가 다 고맙다야. 걔 신입생 같던데 너랑 그 아저씨 아니었으면……."

"아니라니깐."

우철이는 쑥쓰러운 듯 손을 젓다가 목소리를 낮추어 말했다.

"근데 걔는 그렇게 가만있으면 어떻게 해? 하지 말라고 말을 해야지."

나는 작게 한숨을 쉬었다.

"글쎄, 그렇게 쉽게 말할 수 있을까? 만약에 아까 그 여자애가 먼저 소리쳤으면 어땠을 것 같아?"

"뭐가?"

"그 아저씨 끝까지 성질내면서 잡아떼던 거 봐. 남자 어른이 말해도 그러는데, 어린 여자애가 항의한다고 순순히 인정하고 사과했겠어? 버르장머리 없다, 생사람 잡는다 고래고래 소리 지르면서 난리도 아니었을걸."

"그래도 말을 해야 주변 사람들이 도와줄 수 있잖아."

"도와줄 사람이 있을지 없을지 그 애가 어떻게 알겠어? 너도 아까 그랬잖아. 그 아저씨가 먼저 말 안 했으면 나서지 못했을 거라고."

"아……."

"도와주기는커녕 출근 시간에 별것도 아닌 일로 괜히 시끄럽게 한다, 치마를 짧게 입고 다녀서 그렇다 수군대기나 했을걸."

"야, 설마 그랬겠냐."

우철이가 자신 없게 말했다. 나는 굳이 대답하지 않았다.

개학 첫날, 아직은 찬바람이 부는 아침. 사건은 겉보기엔 해결되었지만 그 아이의 불쾌한 감정도 함께 가시지는 않았을 것이다. 버스나 전철 안에서 엉덩이와 허벅지, 어깨를 스치던 기분 나쁜 접촉이 오늘만 일어나는 건 아니다. 피하거나 참는 것이 최선이라고 생각했던 건 나뿐이 아니었다.

"그만하세요!"
그 한 마디가 왜 어려울까?

만약 피해자가 곧바로 그만하라고 말했다면 어떤 일이 일어났을까? 가해자가 순순히 잘못을 시인한다면 다행이지만 화를 내고 잡아떼면서 피해자를 비난할 수도 있어. 또 주변 사람들은 어떨까? 수군거리면서 쳐다보기만 할지도 몰라. 그런 위험을 무릅쓰고 어른을 상대로 따지려면 큰 용기가 필요해. 평소에 '나는 그런 일이 생기면 꼭 하지 말라고 말해야지!' 하고 결심하고 있었다고 하더라도 막상 그런 일이 생겼을 때 실제로 행동에 옮기기는 쉽지 않아.

이상한 일 아니니? 남학생들은 버스나 지하철을 탈 때 누가 내 몸을 만질까 봐 걱정하지는 않지? 그런데 여학생들은 대부분 그런 걱정을 하고 살아. 어째서일까?

　성범죄를 저지르는 남성들은 대부분 여성을 표적으로 삼아. 여성은 힘이 약해서 반격하지 못할 거라고 생각하기 때문이지. 더구나 나이가 어린 청소년은 힘센 어른 남성을 상대로 항의하기가 더 어렵지. 해코지를 당할까 봐 가만히 있어야 할 때도 있어. 단지 여자이기 때문에 더 쉽게 범죄자들의 표적이 되고, 정당한 항의를 하기도 어려워지는 거야.

　처음 보는 어른이 어른이라고 나를 함부로 대하거나, 어리기 때문에 사람들이 내 말을 귀담아들어 주지 않아서 분했던 경험은 누구에게나 있을 거야. 여성 청소년들은 이런 일을 두 배로 겪는다고 보면 돼. 어른이 어른이란 사실만으로 권력을 가지듯이, 남자는 그냥 남자라는 이유만으로도 더 큰 권력을 갖고 있는 것이 현실이야.

#젠더와 섹스

젠더gender와 섹스sex는 모두 우리말로 '성性'으로 번역할 수 있지만 두 단어는 차이가 있다. 젠더는 여성과 남성의 관계가 사회적으로 조직되는 방식을 지칭하는 말이고 섹스는 생물학적 의미의 성을 뜻한다. 생물학적 차이를 드러내는 섹스와 달리 젠더에는 생각이나 행동 방식, 태도, 용모 등이 모두 포함되어 있다.

과거에 사람들은 젠더와 섹스의 차이가 없다고 생각했다. 남녀가 살아가는 방식이 다른 것은 당연하고 그것이 자연의 법칙이라고 생각했기 때문에, 오늘날 젠더로 지칭되는 '여성스러움, 남성스러움' 역시 당연하게 섹스와 일치한다고 여겼다. 하지만 시간이 지나면서, 집단마다 성에 따른 행동 양식은 매우 다양하게 나타난다는 것, 같은 집단 안에서도 성에 따른 행동 방식은 시간과 함께 변한다는 것이 알려졌다. 여성성이나 남성성은 생물학적 성별에 좌우되지 않으며 이를 규정하는 절대적인 기준도 존재하지 않음이 드러난 것이다. 프랑스의 사상가 시몬 드 보부아르는 『제2의 성』에서 "여성은 태어나는 것이 아니라 만들어지는 것이다"라는 말로 서양 문화에 뿌리 깊이 박힌 여성혐오를 들춰냈다. 그리고 이 발상이 젠더 개념의 토대가 되었다.

이후 생물학적 성에 국한되지 않는 사회적 성별을 어떻게 지칭할 것인가 하는 논의는 꾸준히 이루어져 왔다. 그러다 1995년 베이징에서 열린 제4차 세계여성대회 정부기구 회의GO에서 남성과 여성을 구별하는 용어로 섹스 대신 젠더를 사용하기로 결의하였다.

오늘날 젠더라는 단어는 생물학적 차이를 넘어 고정관념이 되어 버린 성별 이미지, 사회적 한계, 관습, 역할 등을 논의하고 이해하는 데에 필수적인 역할을 하고 있다. 젠더는 사회가 오랫동안 쌓아 오고 유지해 온 문화를 바탕으로 한 성별을 지칭하는 단어인 동시에 타고난 생물학적 성에 국한되지 않는 더 넓은 의미의 성 정체성을 아우르므로 트렌스젠더 등 성소수자들의 정체성을 논의하는 데에도 쓰이고 있다.

#남자니까 하는 일, 하면 안 되는 일

"여자가 더 잘하고 남자가 더 잘하고 그런 게 어딨어? 그런 걸 편견이라고 하는 거야."

FEMINIST

남자가 가오가 있지

학교가 난리가 났다. 입학식 날이라서가 아니다.

원래 우리 일다고 입학식이 좀 튀는 편이기는 하다. 신입생들을 환영한다고 선생님들이 노래를 부르고, 장미꽃 선물까지 주는 학교가 흔하지는 않다. 올해의 하이라이트는 남자 선생님들의 댄스였다. 무대에서 불꽃이 터지자 신입생들의 눈이 휘둥그레졌다. 강당 안은 학생들의 환호와 응원으로 넘쳐났다. 그래도 작년에 한 번 본 우리 2학년들에게는 딱히 놀랄 일은 아니었다. 그보다는 새 학기 담임 선생님은 누구일지가 우리의 최대 궁금증이었다.

정작 깜짝 놀랄 일은 그 후에 일어났다. 선생님들의 공연이 끝나고 교장 선생님이 강단에 올라왔다.

"이제 여러분과 1년을 함께할 선생님을 발표하도록 할게요."

교장 선생님은 1학년 1반부터 순서대로 선생님을 발표하기 시작했다. 우리 반 담임 선생님은 1학년 때 국어를 가르치신 김수정 선생님이 되었다. 여자 선생님이어서 다행이라 생각하며 한숨을 돌리는데 교장 선생님이 이어서 말씀하셨다.

"자, 이번에 우리 학교에 깜짝 놀랄 만한 선생님이 오셨어요. 바로 여기 계신 이대호 선생님이세요. 이대호 선생님은 우리 학교에 보건 선생님으로 오셨어요. 남자 보건 선생님은 처음이지요?"

"안녕하세요, 여러분. 이대호입니다."

강단에 오른 남자 선생님이 고개를 숙였다. 나는 입을 딱 벌렸다.

"어! 저 아저씨……."

아침에 버스에서 성추행범을 잡았던 바로 그 아저씨였다. 우리 학교 선생님, 그것도 보건 선생님이었다니!

순간 조용해졌던 강당은 금세 아이들의 웅성거림으로 소란스러워졌다.

"레알? 저 남자 샘이 보건 샘이라는 거야?"

"미친 거 아님? 이제 생리대 달라고 보건실에 어떻게 가?"

"나는 이제 보건실 절대 안 가."

"남자가 왜 보건 샘을 해? 혹시 변태 아냐?"

강당 안은 처음 보는 남자 보건 선생님 앞에서 당황스러움을 감추지 못하는 분위기였다.

"남자 보건 선생님이 처음이라서 어색한 사람도 있겠지만 전에 계시던 정경미 선생님하고 똑같이 생각하면 돼요."

교장 선생님이 소개를 마쳤지만 아이들의 웅성거림은 수그러들지 않았다.

개학식이 모두 끝나고 교실로 돌아와서도 아이들의 화제는 온

통 보건 선생님에 집중되었다.

"남자가 무슨 보건 샘이야? 남자 보건 샘은 첨 봐."

"나도 첨 봐. 다른 학교도 이런 데 있어?"

"뭐, 남자라고 하지 말라는 법은 없지."

"하지 말란 법은 없지만 그래도 보건은 여자 샘이 낫지!"

"맞아. 그리고 남자가 가오가 있지. 의사면 모를까 보건 샘이 뭐야?"

아침 버스에서의 사건도 어느 사이에 퍼져 돌기 시작했다.

"야, 그 보건 샘이 오늘 아침에 버스에서 어떤 여자애 성추행 당하는 거 막았다며?"

"어. 내가 봤어, '아저씨, 지금 뭐 하시는 겁니까?' 이러면서 막았어. 그 아저씨 완전 쪽팔려 하면서 내렸다니까."

"오~ 좀 멋있는데. 그럼 변태 같은 사람은 아니겠네. 너무 걱정 안 해도 될지도?"

"그래도 난 좀 그래. 아플 때 보건실에서 잠도 자고 그러는데, 남자 샘 있으면 좀……."

저마다 떠들고 있는데, 뒷자리에서 한 남학생이 큰 목소리로 말했다.

"아, 이제 학교를 무슨 재미로 다니냐. 정경미 샘은 이쁘고 착하고, 완전 천사였는데."

"크크크. 이 자식 일부러 넘어지고 밴드 붙여 달라고 보건실 갔잖아."

"나만 그랬냐? 다들 그 낙으로 보건실 가는 거지."

여학생들의 분위기가 순식간에 싸해졌지만, 남학생들은 눈치가 없는 건지 아랑곳 않는 건지 쓸데없이 큰 소리로 웃어 댔다.

민선이가 입을 연 건 그때였다.

"야! 보건실을 재미로 가냐? 보건 샘이 너네 좋으라고 있는 사람이야?"

남자아이들은 잠시 당황한 것 같았지만 민선이가 왜 끼어들었는지 이해한 것 같지는 않았다. 진욱이가 웃으면서 너스레를 떨었다.

"에이, 이왕이면 이쁜 여자 샘이 친절하게 봐 주면 기분도 좋고 그렇다는 거지. 안 그래?"

"그러니까, 예쁜 건 뭐고 여자는 왜 들어가냐고. 보건 샘이 애들 기분 맞춰 주려고 있어? 너네, 아까 남자가 보건 샘 하는 건 가오 없다고 그랬지. 아픈 학생들 봐 주고 학생 건강 지켜 주는 게 왜 가오가 없어? 너네가 평소에 보건 샘을 이상한 쪽으로 생각하니까 멀쩡한 직업 놓고 가오가 있네, 없네 하는 것 아냐?"

민선이가 빠르게 쏘아붙였다. 웃고 있던 남자아이들은 정색한 얼굴이 되었다. 아까만 해도 각자 떠들고 있던 반 아이들도 대부분 민선이와 진욱이 쪽을 보고 있었다. 진욱이는 머쓱한 기색을 지우며 까불대는 투로 말했다.

"아, 왜 사람을 변태로 만들어. 솔직히 보건 샘 같은 일은 여자가 더 잘하는 건 사실 아니냐? 그래도 여자들이 더 섬세하고 친절하잖아. 물론 김민선 너는 빼고."

남자애들이 와르르 웃었다. 듣고 있던 나까지 화가 치밀었다. 하지만 민선이는 여전히 물러서지 않았다.

"여자가 더 잘하고 남자가 더 잘하고 그런 게 어딨어? 그런 걸 편견이라고 하는 거야."

"아이고, 선생 나셨네."

"야, 없긴 왜 없냐? 그럼 여자가 군대 가서 나라 지키냐? 경찰이나 소방관도 여자가 다 하든가!"

남자아이들은 잘 만났다는 듯이 한 마디씩 던지기 시작했다. 민선이와 친한 여자애들이 불안한 듯 민선이 옆에 붙어 섰다. 민선이가 뭐라고 더 말하려고 입을 여는데, 교실 문이 열렸다.

"이 녀석들, 그래도 첫날인데 벌써 이렇게 떠들어? 긴장 좀 해라."

담임인 김수정 선생님이 웃으면서 들어왔다. 아이들은 서로 눈치를 보면서 각자 자리로 돌아갔다. 남자아이들은 민선이를 흘끔흘끔 쳐다보면서 자기들끼리 수군거렸다. 무슨 이야기를 하고 있을지, 듣지 않아도 상상이 갔다.

여자가 하는 게 더 나은 일도
있지 않아?

과연 성별에 따라 유리한 일이 있을까? 꼭 육체적인 힘이 많이 필요한 일이 아니라도, 남녀에 따라 더 잘 맞는 직업, 안 맞는 직업을 나누는 일이 흔히 있지. 여자들은 섬세해서 무엇무엇을 잘한다. 무엇무엇은 남자가 하는 게 낫다…….

유난히 특정 성별이 더 많이 종사하는 직업이 있는 것도 사실이야. IT산업, 군대, 정치권에는 남자가 많고, 간호사, 교사, 은행원 같은 직업군에는 여자가 많지. 그러면 이런 일은 그 성별이 더 잘하기 때문에 더 많이 맡게 된 걸까?

그런데 남녀 차이가 큰 직업을 살펴보다 보면 조금 이상한 것을 느낄 수 있어. 여자들이 많은 직종은 월급이 적거나 승진할 기회가 적은 일이 많거든. 반면 높은 자리에 올라갈 수 있는 직업, 유망한 직종일수록 남자가 다수인 것을 흔하게 볼 수 있어. 또, 여자가 많은 업종이라도 관리자나 상사는 남자가 맡는 경우가 많아. 은행 창구에는 여직원이 많은데 은행장은 남자인 것처럼 말이야. 이게 모두 적성 차이에서 온 결과일까?

많은 직장에서 남자가 주류를 차지하는 것은 남성들이 이미 조직해 놓은 사회에 여성이 진입하기 쉽지 않기 때문이야. 설령 진입했다 하더라도 여성은 육아 부담 등으로 남자들과의 경쟁에서 밀리기가 쉽고. 결국 남자 위주의 구조가 지속되는 거지.

그러면 경쟁에서 밀렸지만 일을 해야 하는 여성들은 어떻게 할까? 남자들이 별로 가고 싶어 하지 않는 직종, 소위 '가오 안 나는' 직장에 갈 수밖에 없지. 예를 들어 마트나 음식점에는 여성, 특히 중년 여성 노동자들이 많지? 이런 직장은 일이 힘든 반면 급여도 적고 안정적이지 않아서 사람들이 그다지 좋아하지 않아. 하지만 가정을 돌보고 육아를 하느라 경력이 단절되었어도 일을 구할 수 있기 때문에 중년 여성들이 이런 직장에 많이 보이는 거야. 실제로 직업별 남녀 비율은 사회 분위기와 관련이 있어. 불과 몇 십 년 전만 해도 학교 선생님은 남자가 많았는데 시간이 지나면서 여자 선생님이 훨씬 더 많아졌어. 요즘은 다시 남자 선생님이 늘어나고 있지. 하는 일은 똑같은데 시대에 따라 남자에게 더 맞는 일이 되었다가 여자에게 더 맞는 일이 되었다가 하는 셈이야.

직업 쏠림이 사회 분위기를 따라가는 거라면, 왜 성별에 따라 어떤 직업이 잘 맞는다, 안 맞는다 하는 말이 계속 나오는 걸까?

우리나라에는 1만 가지가 넘는 직업이 있다고 해. 이렇게 많은 직업이 있다는 것은 그 많은 직업이 각각 서로 다른 능력을 요구한다는 뜻이야. 여기서 내게 맞는 직업을 찾으려면, 또 그 일을 정말 잘할 사람을 찾아내려면 개인의 능력과 관심사가 가장 중요해. 직업 선택과 같은 중요한 일에 '여자니까 섬세하겠지', '남자니까 대범하겠지' 같은 막연한 생각을 기준으로 삼을 수는 없는 거지.

이제까지 남자만 많았던 직업, 여자만 많았던 직업에 도전하는 것은 남자에게든 여자에게든 어려운 일일 거야. 하지만 성별이 다르다고 해서 그 일을 잘해 내지 못할 이유는 하나도 없어.

2018년 현재 우리나라에는 8명의 남자 보건 교사가 있대. 전체 보건 교사 비율로 보자면 8명은 매우 적은 숫자지. 하지만 앞으로 남자 보건 교사가 하나도 신기하지 않은 날도 오지 않을까? 판사가 여자여도 하나도 신기하지 않은 것처럼 말이야!

FEMINIST

#섹슈얼리티

성性은 한 인간의 정체성과 특성을 크게 좌우한다. 하지만 우리가 가진 특성 중 무엇이 성에서 비롯한 것이고 무엇이 그렇지 않은지는 규정하기 어렵다. 내가 어떤 성별을 타고났는지, 나의 성적 정체성을 어떻게 느끼는지, 어떤 성별을 사랑하는지, 혹은 사랑하지 않는지, 성행위를 하는지, 하지 않는지 등이 모두 성과 연관성이 있지만 이 모든 것은 환경과 문화 등 다른 요소의 영향도 받는다. 그래서 무엇이 섹슈얼리티에 속하고 무엇이 그렇지 않은지 잘라 말할 수 없다.

(사)여성문화이론연구소에서 펴낸 『페미니즘의 개념들』(동녘, 2015)에서는 섹슈얼리티를 "광범위한 의미로 성역할, 성행위, 성적 감수성, 성적 지향, 성적 환상과 정체성을 정의하고 생산하는 모든 영역을 말하는 것"으로 정의하고 있다. 섹슈얼리티는 섹스와도 젠더와도 다른 개념이지만 동시에 서로 관련된 개념이기 때문에 페미니스트들에게도 섹슈얼리티를 정의하는 일은 중요한 사안으로 여겨진다.

처음 섹슈얼리티에 관심을 가지고 연구한 학문은 성학sexology이었다. 이들이 밝혀 내고자 한 것은 남녀의 신체적 차이에서 기인하는, 생물학적 결정주의를 바탕으로 한 섹슈얼리티였다. 이들은 이성애적 이분법을 바탕으로 남성과 여성을 양분하고 이에 어긋나는 것은 모두 병으로 취급했다. 하지만 이런 관점은 곧 한계를 맞이했다. 1970년대 후반 푸코의 『성의 역사』 연작은 섹슈얼리티의 역사에 대해 광범위하게 다시 생각하도록 만들었다. 또 같은 시기 등장한 '제2물결 페미니즘'은 개인의 성뿐 아니라 포르노그래피, 매매춘, 성폭력, 동성애와 레즈비어니즘 등의 사안에 대해 새로운 관점을 제시했다. 성에 대한 기존의 편견이 깨지고 새로운 생각들이 나타나면서, 섹슈얼리티의 개념은 끊임없이 변화하고 더 자유로워졌다.

오늘날 섹슈얼리티는 여전히 유동적이고 포괄적인 개념이다. 섹슈얼리티에 대한 인식 변화는 여성에 대한 인식 변화와 영향을 주고받으며 앞으로도 계속될 것이다.

#우리는
'같이' 먹고 있을까?

밥을 차려 준다는 말에는 차려진 밥상을 받는 사람이 따로 있다는 뜻이 들어 있잖아. 그리고 차려 주는 역할을 하는 사람은 대개 여성이지.

아빠 밥 좀 차려 드려

"김연수! 야! 김연수!"

오빠가 부른다. 밤 10시, 이 시간에 오빠가 부르는 이유는 백발백중 '라면 끓여라'다. 안 듣고 싶어서 이어폰을 귀에 꽂는다. 10초쯤 지났을까? 오빠가 문을 벌컥 열었다.

"야! 너 왜 대답 안 해?"

"왜 남의 방문을 함부로 열어? 뭐? 왜?"

"라면 하나만 끓여."

"내가 왜? 싫어."

"이게, 오빠가 말을 하면 들어야지."

"뭐? 웃겨. 지금이 조선 시대야?"

"아, 끓이라면 좀 끓여. 물만 올리면 되는데."

"그렇게 쉬운 거면 오빠가 하면 되잖아."

"아, 너하고 나하고 같냐?"

"뭐가 달라? 오빠가 귀찮으면 나도 귀찮다고!"

내 방 문고리를 잡은 오빠와 내가 승강이를 벌이는 사이, 소파에 앉아 있던 아빠가 한마디 하신다.

"연수야! 오빠 공부하는데 라면 좀 끓여 줘라. 그게 뭐 어려운 일이라고."

"아빠! 나도 공부 중이라고요!"

아빠는 내 말은 들리지 않는 듯 텔레비전에 시선을 고정한 채 한마디 더 보탠다.

"아빠도 먹을 거니까, 두 개!"

"헐."

머리를 있는 대로 흔들고 인상을 쓰면서도 나는 부엌으로 향할 수밖에 없었다. 냄비를 쾅 하고 레인지에 올려놓으며 나는 거실을 향해 소리쳤다.

"나는 딱 끓이기만 할 거야! 치우는 건 오빠가 해!"

하다못해 성질이라도 내고 싶어서 목소리를 높였지만 나는 안다. 나한테는 거부권이 없다는 걸. 내가 안 한다고 버텨 봤자 오빠는 내 말을 무시하고 계속 떼를 쓸 거다. 그리고 오빠와 나의 말다툼이 길어지면 그냥 끓여 주면 될 일을 시끄럽게 만든다고 혼나는 건 나다. 아빠가 (가끔은 엄마마저도) 이렇게 나를 혼내면 나는 또 씩씩거리며 "이 집에서 오빠만 왕이지. 나는 하녀고!"라는 정해진 대사를 뱉는다. 물론 내 말에 신경 쓰는 사람은 없다!

매번 반복되는 뻔한 전개. 이 뻔함이 슬프고, 달라지지 않는 결말이 너무 싫다. 게다가 이 이야기의 결말을 더욱 뻔하게 만드는 사람은 엄마다. 나와 오빠의 실랑이가 조금 길어지기라도 할라치면 어느새 부엌에 나와 물을 올리고 김치를 꺼내는 엄마. 오빠와 아빠에 대한 나의 작은 저항을 한순간에 쓸모없게 만들어 버리는 엄마. 나와 엄마는 같은 여자지만, 이럴 땐 동지 의식을 느낄 수가 없다.

시도 때도 없이 튀어나오는 오빠의 라면 타령, 당연한 듯 남겨질 설거지가 엄마도 분명 싫을 텐데 왜 한 번도 싫다고 하지 않는지 모르겠다. 나는 나대로 왜 끝까지 버티지 못하는지 모르겠다.

라면에 김치, 숟가락, 젓가락까지 식탁에 차려 놓고 방에 돌아와 보니 민선이에게서 톡이 와 있었다.

> 내일 영화 볼래?

개학 첫날, 진욱이와 시원스레 한 판을 한 민선이는 내 짝이 되었다. 우리는 금방 마음이 맞았다.

> 내일? 몇 시?

> 점심 먹고 2시 정도. 어때? 괜찮아?

우울했던 마음이 민선이의 톡으로 조금 누그러졌다, 별다른 계획이 없던 내일, 기대할 거리가 생겼기 때문이다.

다음 날 늦잠을 자고 침대 속에서 꼬물락거리고 있을 때 엄마가 불쑥 방문을 열고 들어왔다.

"엄마 오늘 저녁에 약속 있거든. 아빠 밥 좀 차려 드려."

"응?"

"점심은 엄마가 차려 놓고 갈 테니까 아빠랑 먹고, 저녁은 네가 좀 차려 드려."

"나도 친구랑 약속 있는데."

"몇 시?"

"두 시."

"그럼 놀다가 저녁 시간 맞춰 집에 오면 되잖아."

"헐, 두 시에 만나서 영화 보기로 했다고. 영화만 보고 집으로 오라고?"

"그럼 어떻게 해? 엄마 중요한 약속이란 말이야."

"아빠가 그냥 혼자 차려 먹으면 되잖아. 나도 혼자서 먹는데 왜 아빠는 꼭 누가 차려 줘야 하는데?"

"아빠가 어떻게 혼자서 차려 드시니? 그러지 말고 조금만 일찍 와."

엄마는 일방적으로 이야기를 맺고는 방문을 닫고 나가 버렸다. 이건 경고다. 어기면 단단히 혼날 것이라는 경고. 짜증이 밀려들었다. 왜 아빠는 꼭 남이 밥을 차려 줘야 하는 거지? 초딩 때부터 나는 아빠 밥을 차려 주었다. 하는 일이라고는 냉장고에서 반찬을 꺼내고 수저를 놓고 밥을 푸는 일밖에 없었지만 그래서 더 이상했다. 이 단순한 일을 아빠가 직접 하면 안 되나?

민선아. 우리 오늘 좀 일찍 만날까?

왜?

그게…… 저녁에 아빠 밥 차려 드려야 할 것 같아서.

어…… 혹시 아빠 어디 아프셔?

아니.

근데 왜?

좀 그렇지? 나도 좀 그런데 엄마가 하라니까. 안 그랬다간 난리 날 거야, 우리 집은. ㅜㅜ

알았어. 지금 준비하고 나갈게.

너네는 아빠 밥 안 차려 드려?

음…… 내가 상을 차릴 때도 있는데 일부러 차려 드린다고 생각한 적은 없는 것 같아. 엄마가 차릴 때도 있고 아빠가 차릴 때도 있어. 같이 먹는 거니까.

"같이 먹는 거니까." 나갈 준비를 하는 내내 민선이의 마지막 톡이 오랫동안 머릿속을 떠돌았다.

그럼 우리 집은 같이 먹는 게 아닌 걸까?

의문은 계속 뱅그르르 돌고 있었다.

아빠 밥을 차리는 게
싫어서 그러는 거야?

귀찮은 마음도 있겠지. 그런데 이건 싫고 좋고와는 좀 다른 거야.

"엄마 밥 좀 차려 드려라." 이런 말 들어 본 적 있어? 아마 없을 거야. 엄마도 집에서 혼자 밥을 드실 때가 있는데 왜 엄마는 밥을 차려 드리지 않지? 아빠는 차려 드리고 엄마는 알아서 드시고 이상하지 않아?

그 비밀은 "밥을 차려 주라"라는 말에 숨어 있어. 밥을 차려 준다는 말에는 차려진 밥상을 받는 사람이 따로 있다는 뜻이 들어 있잖아. 식사 준비를 하는 사람의 의무에 요리만이 아니라, 밥상 받는 사람의 시중까지 포함되는 거야. 그리고 그 역할을 하는 사람은 대개 여성이지.

밥 차리는 사람 따로 있고, 밥상 받는 사람 따로 있는 것에 대한 의문, "내가 밥 차리는 사람인가?"라는 의문이 솟아날 수밖에. 아빠는 오로지 남자라는 이유로 밥상을 받을 권리를 가지는데 여자들은 여자라는 이유 때문에 밥을 차릴 의무가 생기잖아. 인간이라면 당연히 가질 만한 의문이 아닐까?

더구나 아빠뿐 아니라 오빠나 남동생도 남자라는 이유로 아빠와 비슷한 권리를 사용하곤 해. 내 주변에서는 오빠 밥 차려 주러 집에 가야 한다는 아이들, 심심치 않게 만날 수 있거든.

"요즘 누가 자기 밥도 못 차려 먹어? 나는 남자지만 밥 정도는 알아서 차려 먹어요!"라고 말할 남학생들도 있을 거야. 다행스러운 일이지. 그렇지만 알고 보면 이런 집에서도 밥 차리는 일의 부담은 여성에게 더 치우쳐져 있는 경우가 많아. 남동생은 혼자 있을 때만 자기 밥을 차리는데 누나는 평소에도 엄마가 밥 차리는 것을 돕는다든가, 오빠와 여동생이 둘 다 집에 있는데 여동생이 아빠 밥 차리는 일을 맡게 된다든가.

또 이런 건 어떨까? 엄마가 외출을 하셔서도 노심초사하며 전화를 거실 때가 있지?

"냉장고 둘째 칸에 장조림 있고, 냄비에 국 있으니까 꼭 데워 먹고……."

이렇게 일일이 참견을 들어야 반찬을 다 갖춰서 먹을 수 있다면, 결국 엄마가 원격으로 밥을 차려 주고 계신 거지. 이것은 꼭 남학생만이 아니라 여학생들에게도 자주 있는 일일 거야. 같이 먹는 밥상인데 차려 주는 사람, 밥상 받는 사람이 따로 있는 것은 마찬가지인 거지. 공부가 힘들다고, 시험 전날이라고 엄마가 밥을 다 차리신 다음에야 방에서 나올 때도 있을 거야. 그런데 엄마가 아니라 아빠가 밥을 차리고 계셔도 마음 편히 방에 있을 수 있을까? 남학생과 여학생을 가리지 않고, 자신도 모르게 밥 차리는 일은 여성의 일이라고 여기고 있는 거야.

남학생이든 여학생이든, 평소부터 부모님과 함께 식사를 준비하고 냉장고 속사정에도 관심을 좀 갖는 게 어떨까? 그래서 우리가 밥을 혼자 먹을 때 "어떻게 혼자서 밥을 차려 먹겠어?"라는 걱정 대신 "알아서 잘 먹을 거야"라는 믿음을 부모님께 줄 수 있으면 좋겠어.

아빠는 어떻게 하냐고? 아빠도 배우셔야지.

#페미니즘

페미니즘이란 '여성'이라는 이름으로 불리는 인류가 '남성'이라는 이름으로 불리는 인류와는 다른 지위와 처우를 받아 온 지난 역사와 지금의 현실에 대해 질문하고 분석하고 해결하고자 하는 사상이자 교육이자 운동이다.

−(사)여성문화이론연구소, 『페미니즘의 개념들』(동녘, 2015)

페미니즘을 정의하는 통일된 개념은 없다. 흔히들 인용하는 "백 명의 페미니스트가 있다면 백 개의 페미니즘이 있다"는 문구는 페미니즘이 사람에 따라 얼마나 다양한 의미를 가질 수 있는지를 보여 주는 대표적인 말이다. 한국여성문화이론연구소 역시 페미니즘이 인류, 역사, 현실 등 매우 광범위하고 근본적인 사안을 다루고 있음을 지적하고 있다.

페미니즘은 우리가 살아가는 세상 어디에나 연관되어 있다. 성희롱, 성폭력은 물론이고 출산, 양육, 가사와 돌봄 노동, 임금·직위·취업·승진 같은 직장 생활 문제, 문학이나 광고·드라마에서 그려지는 여성의 모습과 같은 문화적인 문제, 연애나 사랑, 우정, 가족과 같은 사적인 영역 등 모든 것을 페미니즘의 관점에서 살펴볼 수 있다. 여성이라는 말에서 빠뜨리기 쉬운 인종이나 계급, 계층, 성 정체성과 성 지향성, 장애 유무에 따른 차별과 차이의 문제 역시 페미니즘이 주목해 온 영역들이다. 한 개인의 문제에서 나아가 사회구조적인 문제에 이르는 것이 페미니즘의 주제이다.

페미니즘은 본질적으로 여성의 삶에 대한 것이다. 모든 여성의 삶이 다 다르듯 페미니즘 역시 다양한 얼굴을 갖는 것이다. 따라서 어렵고 복잡해 보일 때가 많지만 본질은 단순할 수도 있다.

간혹 진정한 페미니즘 혹은 잘못된 페미니즘 운운하며 "페미니즘은 어떠해야 한다"고 주장하는 사람들이 있다. 하지만 "여성의 삶이란 어떠해야 한다"고 틀을 만들어 가둘 수 없는 것과 마찬가지로 페미니즘 역시 어떠해야 한다는 틀에 가둘 수 없다. 개인이 처한 상황에 따라, 구성원이 속한 사회와 시대적·문화적 맥락이 달라짐에 따라 페미니즘도 계속 변화하고 확장될 것이다. 페미니즘은 결국 "여성은 삶에서 무엇을 원하는가?"에 관한 이야기이기 때문이다.

#거절도
연습이 필요하다

정아가 하고 싶은 말을 못 하는 게 정말 정아와 현수 둘만의
문제일까?

좋아해서 그러는 거야

"서현수, 너 정아 좀 그만 따라다니면 안 돼?"

"왜, 부럽냐? 부러우면 너도 남친 사귀든가."

"헐, 부러운 거면 차라리 낫지. 네가 밤낮으로 따라다녀서 정아가 우리랑 놀 수가 없잖아."

"야, 내가 언제 따라다녔냐? 우리 사귀는 사이거든!"

"내 말은 그게 아니라……."

이걸 어디서부터 이야기해야 이 녀석이 알아들으려나. 나는 고민에 빠졌다.

정아와 현수는 둘 다 내 친구다. 현수는 엄마들끼리 친해서 초등학교 때부터 알고 지냈고 정아는 중학교 때 같은 반이 된 이후 친해졌다. 현수는 정아를 오랫동안 좋아했는데, 작년 겨울에야 겨우 고백을 해서 사귀기 시작했다. 처음에 나는 둘의 교제를 두 팔 벌려 환영했다.

그런데 정아를 사귀고부터 현수는 내가 예전에 알던 배려심 많은 아이가 아니었다. 우리가 노는 데 갑자기 나타나서 정아를 데리고 가기도 하고, 정아의 주말 시간은 아예 독점하다시피 했다. 학교에서도 마찬가지였다. 반이 다른데도 매일같이 찾아와서 우리 반 아이들은 모두 현수를 알았다. 밥 먹을 때는 물론이고 쉬는 시간마다 나타나서 정아가 화장실 갈 때만 빼곤 딱 붙어 있었다. 종례가 끝나면 이미 교실 뒷문에 와 있기 일쑤였다. 무슨 축구를 하는 것처럼 일대일 밀착 마크로 정아 곁을 지켰다.

처음엔 그러거나 말거나 나도 정아 옆에 붙어서 얘기했는데 점점 눈치도 보이고 불편하기도 해서 정아와 이야기하는 시간이 줄어들었다. 자연히 다른 친구들과 보내는 시간이 늘어났는데, 그중에는 정아와 미처 친해지지 못한 친구들도 있어서 이제는 정아 쪽에서도 나한테 말을 걸기 어려워하게 되었다. 정아가 좀 소심한 것도 있지만 학기 초부터 내내 현수하고만 붙어 있는데 어느 틈에 새 친구들과 친해지겠는가. 보다 보니 이건 아닌 것 같아서 현수에게 잔소리를 하게 된 것이다.

"네가 정아를 잠시도 내버려 두질 않잖아. 정아랑 우리랑 얘기하는 도중에도 막 데려가고. 엊그제 소연이 생일 파티 할 때도 너 오는 바람에 정아만 2차 못 갔잖아."

"어쩌겠냐. 내가 정아를 그만큼 좋아하는데. 좀 이해해 주라."

"그래도 정도란 게 있지. 그리고 너, 네 친구들 만나는 자리까지 정아 데려가잖아. 정아는 걔들이랑 친하지도 않은데, 거기 껴 있는 게 재미있겠냐?"

"내가 같이 있잖아. 정아도 나를 좋아하니까 괜찮아."

괜찮긴 뭐가 괜찮아. 이야기가 계속 같은 데에서 맴돈다. 나는 속이 탁 막히는데 현수는 전혀 이해를 못하고 헤벌쭉 웃기까지 한다.

"괜찮은지 안 괜찮은지 네가 어떻게 알아? 정아가 말을 안 해서 그렇지, 속으로는 싫어할 거라고."

현수의 얼굴이 굳어졌다.

"너 지금 정아가 싫은데 억지로 나랑 같이 있는다는 거야?"

"누가 너를 싫어한대? 너는 좋아도, 네가 그렇게 자기 맘대로 구는 건 싫을 수도 있다는 거지."

"내가 언제 자기 맘대로 굴었어? 정아가 너한테 그런 말 했어? 내가 자기 맘대로라고?"

현수는 얼굴까지 빨개져서 식식대기 시작했다. 나도 속으로 아차 싶었다. 내 말을 이해하지 못하는 것 같아서 강한 표현을 썼는데, 너무 나간 모양이다.

"아니, 그런 게 아니고."

이러다가 나 때문에 현수와 정아가 싸우게 생겼다. 어쩌지 하는데 구원의 손길이 나타났다.

"눈물겨운 우정의 현장이네."

언제부터 듣고 있었는지, 현수의 어깨에 팔을 걸치면서 끼어든 사람은 우철이었다. 우철이도 초등학교, 중학교 동안 나와 현수와 줄곧 알고 지낸 친구다.

"그니까 내가 적당히 좀 하라고 했잖냐. 원래 연수랑 정아랑 친했는데 너 때문에 정아랑 못 노니까 연수가 섭섭해서 그러는 거 아냐."

"그래도 할 말이 따로 있지, 김연수가……."

"정아한테 물어보면 되잖아?"

"어?"

식식대던 현수가 눈을 동그랗게 떴다.

"연수나 너나 정아 생각해서 그러는 거니까 정아한테 물어보면 되잖아, 어떻게 하고 싶은지."

"물어볼 것도 없어. 정아는 나 좋아한다고!"

"……."

현수는 큰소리를 쳤다. 반면에 나는 마음이 복잡했다. 사실 정아에게 말을 안 해 본 건 아니다. 현수 하자는 대로 다 해 주지 말아라, 싫은 건 싫다고 딱 부러지게 말해라. 나만이 아니라 다른 친구들도 여러 번 이야기했다. 하지만 정아는 매번 "현수가 나 좋아해서 그런다는데, 어떻게 해" 하고 말끝을 흐릴 뿐이었다.

과연 정아가 현수한테 제대로 이야기할 수 있을까? 또 좋은 게 좋은 거라는 식으로 얼버무려서 오히려 현수가 더 기세등등해지면 어쩌지?

현수가 교실로 돌아간 뒤에도 나는 착잡한 표정을 짓고 있었다. 내 걱정을 눈치 챘는지 우철이가 말했다.

"둘이 알아서 하겠지."

"휴……. 네가 봐도 내가 오버했냐?"

"풉! 뭐, 틀린 말은 안 했지."

"뭐지, 이 웃음? 그래도 너라도 알아주니 다행이네."

"현수 맘도 모를 건 아닌데, 정아가 너무 휘둘리는 거 같기는 해."

"네가 봐도 그렇지?"

"그래도 정 싫으면 정아가 말하지 않을까? 사귀는 사이에 그 정도 이야기는 해야지."

"바로 그게 문제라니까. 정아는 원래 거절을 못 한단 말이야. 싫어도 싫다고 말 못 하고. 우리한테도 그러는데 현수한테 제대로 말을 하겠어?"

우철이는 골똘히 생각하는 얼굴이 되었다.

"현수 행동이 마음에 안 드는데도 정아가 말을 못 하고 있을 수 있다는 거구나."

"응."

"그래도 이런 문제는 정아가 직접 말하는 수밖에 없지. 우리가 대신 해결해 줄 수는 없잖아."

"그건 그렇지만……."

우철이의 말은 전부 맞는 말이다. 다른 것도 아니고 연애 문제니까 둘이서 해결하는 게 맞다. 그래도 나는 어째선지 정아를 내버려 둘 수가 없었다. 곤란해도 참고, 속상해도 아무 말 안 하는 정아의 모습을 보면 왠지 엄마가 생각났다. 나나 다른 친구들 생각도 났다.

정아가 하고 싶은 말을 못 하는 게 정말 정아와 현수 둘만의 문제일까? 아니면 전부 정아의 성격 탓일까? 나는 그렇게 생각할 수가 없었다.

오후에 나는 정아에게 톡을 보냈다.

> 정아야, 너 현수랑 얘기했어?

> 응. 들었어. 네가 나 좀 그만 따라다니라고 했다며? ㅋㅋㅋ

> 현수 많이 화났냐?

> 괜찮아. 내가 잘 달래서 다 풀렸어.

> 야, 네가 거기서 걔를 달래면 어떻게 해? 이젠 좀 선을 그어야지! 기껏 10년 우정 금 갈 거 각오하고 판 깔아줬더니만. 너 정말 이대로도 괜찮아?

> 음…… 나도 잘 모르겠어. 어떤 때는 괜찮은 것 같은데, 어떤 때는 안 괜찮을 때도 있고…….

> 그러니까 안 괜찮을 때는 안 괜찮다고 해야지.

그러면 현수가 섭섭해하잖아.

현수 섭섭한 것만 중요하고 네 마음은 안 중요해?

잠시 답이 없었다. 정아도 고민하고 있는 모양이었다. 정아의 마음이 이해가 갔다. 조금 더 기다리고 나서, 대화창에 말을 덧붙였다.

정아야, 나한테는 네 마음도 중요해. 그리고 현수한테도 중요할 거야.

응…… 고마워.

말하기 힘든 건 알아. 그래도 조금씩이라도 현수한테 말을 해 봐.

사실 오늘 현수가 내 기분을 물어봤을 때 좀 기뻤어. 네가 옆구리 찔러서 그런 거긴 해도, 얘가 내 기분을 생각하긴 하는구나 싶어서. 오늘은 그냥 하던 대로 괜찮다고 해 버렸지만 앞으로는 할 말이 생길 거 같아.

그래. 그러다가 혹시 싸우면 나한테 와서 말해. 내가 지원 나간다!

그 뒤로 정아와 현수가 무슨 이야기를 했는지 나는 잘 모른다. 여전히 현수는 툭하면 교실에 찾아온다. 하지만 한 가지 달라진 점이 있다. 현수는 오기 전에 항상 톡으로 가도 되느냐고 묻는다고 한다. 그리고 정아가 오라고 할 때만 온다. 밖에서 만날 때도 마찬가지다.

처음에 현수는 좀 투덜거렸다. 하지만 시간이 지나니 현수도 지금 방식을 더 좋아하는 것 같다. 어떨 때는 현수가 톡을 하기 전에 정아가 먼저 톡을 해서 오라고 하거나 매점에서 만나자고 하는데, 현수는 그게 그렇게 기분 좋았던 모양이다. 정아한테서 온 톡 화면을 보여 주면서 "거 봐, 정아는 나 좋아한다고 했지!" 하고 으스대는 모습에는 나도 우철이도 웃고 말았다.

이제 정아는 학교에서 반 친구들하고 이야기도 많이 하고, 주말에도 우리끼리 영화도 보면서 편하게 놀러 다닌다. 가끔 정아가 우리한테 묻는다.

"지금 현수 오고 싶다는데, 오라고 해도 돼?"

보통 우리는 정아 네 맘대로 하라고 대답하지만, 오지 말라고 할 때도 있다. 대답은 그때그때 다르다. 그건 우리 맘이니까!

좋아하면 같이 있고 싶은 게
당연한 거 아니야?

현수와 정아의 이야기에서 문제가 되는 건 함께 있는 시간이 얼마나 되느냐, 누가 더 좋아하느냐가 아니야. 같이 시간을 보내는 건 둘이 함께하는 일인데, 언제 어떻게 시간을 보낼지를 현수 혼자서 결정하고 있다는 게 문제야.

이렇게 당사자의 의사에 관계없이 말, 행동, 상황을 받아들일 것을 강요하는 것은 아무리 의도가 좋아도 폭력적인 행동이야.

폭력이라니, 말이 너무 과한 것 아니냐고? 이 정도는 이해하고 넘어갈 수 있는 일 아니냐고? 하지만 별일 아니라는 생각이 들수록 더 조심할 필요가 있어. 사소한 일이라고 넘어가다 보면 점점 심해지는 경우가 많거든. 특히 가족, 친구, 연인처럼 친한 사이는 어디까지가 괜찮은 일이고 어디부터 괜찮지 않은 일인지 구별하기가 참 어려워. "친구 사이인데 이 정도 장난도 못 참아 주냐?", "아빠는 내가 잘되라고 야단치는 건데, 화가 나면 때릴 수도 있지." 이렇게 넘어가다 보면 폭력을 저지르는 사람도, 당하는 사람도 뭐가 잘못됐는지 모르게 되는 거야. 안타까운 일이지.

실제로 대부분의 폭력 사건은 아는 사람 사이에 일어난다고 해. 가정폭력, 학교폭력, 아동학대, 데이트 폭력 같은 것들 말이야. 이런 일은 나쁘고 이상한 사람이나 하는 일 같지만 실제로는 우리 가까이의 사소한 일로부터 시작되는 경우가 많아. 폭력이 폭력이라는 것을 눈치 채지 못하기 때문에 벌어지는 일이지.

우리가 그동안 눈치 채지 못했던 폭력 중 대표적인 것이 데이트 폭력이야. 데이트 폭력이란 연인 사이에 일어나는 폭력을 말해. 분명 서로 사랑해서 사귀기 시작했을 텐데, 연인 사이에 얼마나 끔찍한 일이 많이 일어나는지 알면 깜짝 놀랄 거야. 때리거나 욕설을 퍼붓는 사람, 원하지 않는 성관계를 강요하는 사람, 직장을 그만두라고 강요하거나 친구를 못 만나게 하는 사람, 옷차림이나 머리 모양에 간섭하고 행선지를 다 보고하게 하는 사람. 정말 별별 사람이 다 있어.

"대체 그런 사람하고 왜 사귀어요?", "헤어지면 되는 거 아니에요?" 하는 생각이 들지? 그런데 데이트 폭력 가해자와 피해자가 처음부터 이런 모습이었던 것은 아닐 거야. 사소하고 일상적인 일로 넘기다가 문제가 심각해지는 경우가 대부분이야.

현수와 정아 이야기로 돌아가 볼까? 현수는 지금 "나를 좋아한다면 함께 있는 게 당연해"라고 생각하고 있지. 이 생각이 굳어지면 나중에는 "좋아한다면 성관계를 하는 게 당연해", "좋아한다면 내가 고함 몇 번 친 정도는 이해해 줄 수 있어야지" 하는 생각을 할 수도 있어.

정아 역시 마찬가지야. "나를 좋아해서 그러는 거니까, 원하면 들어 줘야지", "나를 많이 좋아하니까 그만큼 화가 나는 거겠지" 하면서 참기만 하고, 자신이 폭력의 피해자가 된 것조차 눈치 채지 못한 채 연애를 계속할 수도 있어.

안 그럴 것 같지? 이런 일이 정말 많이 일어난다니까!

무엇이 폭력인지 아는 것이 그래서 중요해. 한쪽이 원하지 않는 일이 반복해서 일어나고 있다면 사소해 보이더라도 이미 폭력이 시작되었을 가능성이 커. 그러니까 내가 무엇을 원하고 무엇을 원하지 않는지, 상대방은 어떤지, 항상 이야기를 나누어야겠지? 한쪽이 듣기 싫어하는 말을 자꾸 하는 것, 둘이 함께 정할 일을 항상 한쪽이 정하는 것, 한쪽이 쉽게 약속을 깨거나 바꾸는 것, 이런 것부터 서로 조심하면 알지도 못한 채 폭력적인 관계가 되는 일은 없을 거야.

현수 입장에서는 억울할지도 몰라. "정아가 말을 안 하는데 어떻게 알아요?", "왜 처음에 말을 안 하고 나를 나쁜 사람 만들어요?" 이런 생각이 들겠지. 현수가 연수에게 화를 낸 것도 그래서겠지?

답답하기도 하고 겁이 나기도 할 거야. 하지만 괜찮아. 이제부터 둘이 함께 연습하면 돼.

이제까지 우리 사회는 여성이 원하는 것을 말해도 들어주지 않거나, 여성이 원하는 것을 말하면 나댄다고 비난하는 방식으로 여성을 침묵하게 해 왔어. 또 '남자에게 사랑받는 것'이 여자에게 가장 중요한 일이라고 가르치면서 관계가 깨지는 것을 두려워하게 만들었지. 반대로 남자들에게는 "열 번 찍어 안 넘어가는 나무 없다" 같은 말로 여성의 거절을 무시하도록 가르쳤어. "결정은 남자가 하는 것이다. 여자 말을 듣는 것은 남자답지 못하다"라고 겁을 주면서 일방적으로 행동하도록 유도하기도 했지. 계속 그러다 보니 여자들은 말하는 것을 잘 못 하고, 남자들은 듣는 것을 잘 못 하게 되었어.

하지만 원래는 여자도 얼마든지 말하기를 잘할 수 있고, 남자도 듣기를 잘할 수 있어. 서로 좋아하는 사이라면 함께 연습하기 딱 좋겠지?

연애를 하는 친구들은 거절하거나 거절당하는 것을 두려워하지 말고 서로 이야기를 나눠 봤으면 좋겠어. "거절을 하다니 나를 좋아하지 않는 거야?"가 아니라 "좋아하니까 솔직한 마음을 말할 수 있다", "사랑하니까 거절할 수도 있다"라고 생각해 보면 어떨까? 서로에 대해서 훨씬 더 많은 것을 알게 될 거야.

#코르셋

코르셋은 체형을 보정하기 위해 입는 속옷이지만 실상은 학대에 가까운 역사를 가지고 있다. 고대 이집트인이나 미노스인도 입었다는 설이 있지만 가장 크게 유행했던 시기는 1840년경 유럽이다. 이 시기의 여성들은 13인치의 허리를 위해 가슴 아래부터 엉덩이까지를 조이고 또 조였다.

초기 코르셋은 고래 뼈나 철사로 만들어졌고 이후 소재가 다양해졌다. 하지만 소재가 무엇이든 강하게 신체를 조이다 보니 여성의 건강에는 치명적이었다. 호흡곤란이나 소화불량은 기본이고 임신 중인 여성의 유산, 척추나 자궁 등 장기의 기형도 유발했다. 코르셋은 여성에게 가는 허리를 주는 대신 목숨을 앗아 간 살인 도구였다.

이런 고통에도 불구하고 당시 여성들은 가는 허리가 남성들에게 성적 매력을 불러일으킨다는 이유로 이를 포기하지 못했다. 후기 빅토리아 시대 신문은 코르셋 사용을 추천하는 남성의 말을 이렇게 싣고 있다.

"소녀가 우아하고 여성스러운 자태와 감정으로 성숙하기 원한다면 그녀를 꽉 묶어 주라."

즉 코르셋은 남성의 기대에 부응하기 위하여 여성 스스로가 자신을 조이고 심지어 죽음에 이를 때까지 학대하는 도구였던 셈이다.

시대가 흐르고 패션의 유행이 바뀌면서 코르셋은 사라졌지만 스스로를 조이는 여성 내면의 코르셋은 사라지지 않고 오히려 진화했다. 여성에게 섹시함과 조신함을 요구하는 매체와 남성들의 압력도 진화했다. 세계대전을 거치며 여성 패션은 비교적 실용적으로 바뀌었다. 하지만 종전 후 크리스티앙 디오르가 선보인 '뉴룩'이나 크리스티앙 라크루아의 '럭스' 같은 디자인은 다시 여성의 허리를 조였다. 패션 산업은 항상 여성의 몸을 혹사하는 방법을 개발했고 이는 오늘날도 크게 다르지 않다. 어느 포털에서나 쉽게 볼 수 있는 '남친이 반할 패션'이라는 문구는 여성의 몸과 패션이 남성을 위한 것임을 버젓이 드러낸다.

오늘날 코르셋은 비유적인 의미로 많이 사용된다. 가부장적 억압을 내면화한 여성들이 단순히 패션에서만 아니라 화장, 행동거지 등 일상 전반에 걸쳐 코르셋을 조이듯 스스로를 검열하는 행위를 지칭한다. 자신이 아닌 남의 욕망, 사회의 시선에 부응하기 위한 여성들의 고통스러운 노력은 오늘도 계속되고 있으며, 함께 코르셋을 벗어던지는 것은 페미니즘의 중요한 목표 중 하나이다.

#'잘못'의 주소

그 새끼가 나쁜 놈이라고 욕해야지! 여학생 잘못이라는 사람
한테 같이 화내야지!

FEMINIST

도대체 어떻게 하고 다녔길래!

오늘도 뉴스에서는 강간·살인·폭행이라는 단어가 어김없이 나온다. 길 가던 20대 여성을 납치해서 살해한 남성, 외딴 지역에 부임한 여교사를 술에 취하게 해 강간한 학부모, 여고생들을 오랫동안 성추행해 온 교사 등 주인공만 바뀌고 일어난 일은 크게 다르지 않은 뉴스가 오늘도 반복된다. 그런 소식이 일상이 되어 버린 탓인지 식구들은 밥을 먹으면서도 아무렇지 않게 뉴스를 시청한다. 오늘 우리 집도 그랬다.

"그러니까, 연수 너도 항상 조심해라. 치마 짧게 입지 말고."

"네?"

앞뒤 없이 튀어나온 아빠의 말에 나는 당황해서 되물었다. 그때 텔레비전에서는 명문대 의대의 신입생 환영회에서 남학생이 만취한 여학생을 성폭행했다는 뉴스가 나오고 있었다.

"아니, 의대까지 들어간 여학생이 도대체 어떻게 하고 다녔길래 저런 일이 생겨! 하여간 요즘 여자애들은. 연수 너도 대학 가면 절대 저런 데서 술 많이 먹지 마라. 한 잔만 먹든가, 아예 가지 말든가."

"어? 어……. 근데 아빠, 저게 왜 여학생 잘못이야?"

"잘못을 했지, 그럼 안 했어? 여자애가 무슨 술을 인사불성이 되도록 마셔? 그러니까 저런 일을 당하지."

"저건 남학생이 잘못한 거잖아! 성폭행을 한 사람이 나쁘지, 당한 사람이 나빠?"

"누가 남자 잘못이 없대? 그래도 애초에 술을 안 마셨으면 저런 일이 안 일어났을 거 아니야. 남자 쪽도 억울하지. 의대까지 간 멀쩡한 학생이 술 먹고 실수 한 번 했다가 인생 꼬이게 생겼잖아."

"헐? 아빠, 내가 저런 일 당해도 남자 인생 걱정할 거야?"

"그러니까 그런 일 안 당하게 조신하게 하고 다니라고 하는 말 아니야! 왜 이렇게 따지고 그래?"

"연수야, 밥 먹어라."

엄마의 목소리가 들린 건 이때였다. 엄마는 아빠와 나 사이의 긴장감이 커질 때쯤 등장해 누구의 편도 들지 않고 상황을 종료시키는 묘한 재주가 있다.

'엄마도 여자면서…….'

괜한 심술이 났지만 더 이야기를 했다가는 아빠의 화만 돋울 것 같아 그만두었다. 꾸역꾸역 밥을 입에 넣고 있는데 오빠가 굳이 안 해도 되는 한마디를 거든다.

"아빠, 얘는 걱정 안 해도 돼! 누가 건드리겠어?"

"오빠!"

비슷한 일이 반복되면 무뎌지고, 더 싸우거나 화를 낼 힘을 잃게 된다. 나에겐 오빠의 이런 놀림이 그렇다. 내가 무슨 말을 하든, 무슨 생각을 하든 전부 외모와 인기에 대한 것으로 몰고 가는 뻔한 방식. 이대로 내버려 두고 싶진 않지만 아무리 화를 내도 계속 반복되는 일에 힘을 빼고 싶지도 않다. 그냥, 오빠가 또 헛소리를 하나 보다 하고 생각하기로 했다. 그래도 기분 나쁜 건 나쁜 거지만.

> 정아야!

응?

> 너 K대 의대생 뉴스 봤어?

응. 신입생 환영회에서 여대생 성폭행한 거?

> 어, 너도 봤구나. 아빠가 그 뉴스 보면서
> 뭐라는지 알아? 나보고 술 먹지 말래!

응. 우리 아빠도 그러더라.

> 어휴. 너네도야? 아빠들은 대체 왜 그래?

걱정되니까 그러시는 거 아니야?
나쁜 일 당하지 말라고.

지금 그 이야기가 아니잖아. 잘못한 놈은 따로 있는데, 왜
다 여학생이 술을 먹었네 안 먹었네 소리만 하는 거야?

음, 사실 그렇게 취한 게 잘한 건 아니잖아?

뭐? 그럼 그게 여자 탓이라는 거야? 잘못은 남자
가 했잖아. 그리고 남자는 술 안 먹었어?

우리 아빠가 그러시는데, 원래 남자들은 술 많
이 먹으면 자기도 모르게 그렇게 될 때가 있대.

뭐야 그게. 그러면 남자들은 원래 그러니까 계속
그렇게 살고, 여자만 계속 조심해야 한다고?

현실적으로 그렇잖아. 우리가 조심해야지.

야~~~ 아~~ 박정아. 그건 아니지.

응?

내가 대학 가서 신입생 환영회 때 술 마셨어!
취했어! 그럼 성폭행해도 돼?

아니, 그건 아니고…….

그럼, 뭐야? 너는 같은 여자면서 왜 그러냐?

내가 뭐?

그 새끼가 나쁜 놈이라고 욕해야지! 여학생
잘못이라는 사람한테 같이 화내야지!

정아에게 폭풍 분노를 터뜨리고 나자 갑자기 속상한 마음이 들
었다. 좀 전에 아빠와 오빠 앞에서는 아무 말도 못 하던 내가 생각
났기 때문이다. 겨우 몇 마디를 꺼냈다가 화내는 일이 힘들다고, 다
음에 일어날 일이 무섭다고 입을 다물었던 나 말이다.

둘 다 잘못한 거 아닐까?

둘 다 잘못했다고 말하면 다투지 않고 이야기를 끝내기는 쉬울 거야. 하지만 쉽게 결론짓기 전에 잠시 생각해 보지 않을래?

피해자가 잘못을 했다고 할 때 보통 무슨 이야기를 하더라? 밤늦게 돌아다닌 게 잘못이다. 술을 마신 것이 잘못이다. 그런 장소에 왜 갔느냐. 치마가 짧아서 그렇다. 화장이 짙으니까 남자들이 쉽게 본다. 모두 다 어디서 들어 본 이야기지? 그러면 여성들이 술도 안 마시고, 밤늦게 돌아다니지 않고, 긴 소매, 긴 바지만 입으면 성폭행이 많이 줄어들어야 하겠네. 그런데 실제로는 그렇지 않아.

시리아, 아프가니스탄과 같이 여성의 사회 활동이 적은 나라에서도 엄청나게 성폭행이 많이 일어나. 무슬림 여성들은 머리끝부터 발끝까지 가려지는 차도르를 입고 다니지만 그래도 성폭행을 당해. 그 나라만 그런 거 아니냐고? 안타깝지만 아니야. 인권 단체 국제 엠네스티의 보고에 따르면 전 세계 여성의 3분의 1이 성폭력을 경험하고 그중 1위는 미국이야. 신고되지 않고 넘어가는 사건을 포함하면 순위는 바뀔 수 있겠지만 결론은 어느 나라에 살건, 무슨 옷을 입건, 사회 활동을 하건 안 하건 여성에게는 성범죄를 당할 위험이 도사리고 있다는 거야.

성범죄가 술 탓도 옷 탓도 아니라면 왜 성범죄가 일어날 때 피해 여성들이 이렇게 비난을 받는 걸까? 그 이유는 사회가, 정확하게 말하면 사회에서 큰 목소리를 내는 남자들이 성범죄를 저지른 남성들을 감싸고 싶어 하기 때문이야. 피해자에게도 잘못이 있다고 하면 그만큼 가해자의 잘못이 덮어지잖아.

성범죄 뉴스를 보면 범죄를 저지른 남성들에 대해 '전도유망한 학생이', '창창한 젊은 날에', '한 번의 실수로' 같은 말을 붙이면서 동정과 연민을 보이는 경우가 많아. 사소한 잘못으로 지나치게 큰 벌을 받는 것처럼 이야기하지. 그렇다 보니 의대를 다니던 성폭행 가해자가 다른 의대에 진학하거나 성범죄를 저지른 연예인이 슬그머니 다시 복귀하는 등 범죄자를 너그럽게 받아 주는 일도 많이 일어나. 연수 아버지나 정아 아버지처럼 "남자는 원래 그럴 수 있다", "의대까지 간 잘난 학생이 여자 하나 때문에 신세를 그르쳤다"고 여기는 사람들도 정말 많아.

그러면 여자가 성범죄를 저지르면 어떨까? 이상하게도 성범죄를 저지른 여자는 이런 동정을 받지 않아. 그냥 다른 범죄자들과 똑같이 비난을 받지. 그들의 장래를 걱정하는 사람도 없고 말이야.

범죄는 범죄인데, 왜 어떤 사람들은 유독 남성 성범죄자를 감싸고 싶어 하는 걸까? 혹시 여자가 피해를 당하는 게 별게 아니라고 생각하는 건 아닐까? 중요하지 않은 여자 때문에 중요한 남자가 피해를 입는다고 생각하는 건 아닐까?

FEMINIST

#페미사이드

페미사이드Femicide는 라틴어로 여자를 의미하는 말인 'femi'와 살해(자)를 뜻하는 접미사 '-cide'를 결합한 말이다. 우리말로 번역하면 '여성 살해'라고 할 수 있겠다. 페미사이드는 남성에 의한 여성혐오적 살인 전반을 가리키며, 성차별적 테러리즘의 가장 극단적인 형태이다.

페미사이드란 개념은 처음 제안된 이후 여러 차례 개념의 수정을 거쳤다. 이 용어를 처음으로 제안하고 개념화한 페미니스트 다이애나 E. H. 러셀은 2012년 UN 심포지엄에서 페미사이드를 "한 명 이상의 남성이 한 명 이상의 여성을 여성이라는 이유로 살해"하는 행위라고 정의했다. 우리나라에서는 2016년 5월 17일에 일어난 '강남역 살인 사건'이 페미사이드의 대표적 사례라 할 수 있다.

매년 한국여성의전화에서는 언론에 보도된 여성 살해에 대한 통계를 발표한다. 이 통계를 살펴보면 친밀하거나 신뢰하는 관계에 있는 남성으로부터 살해당하거나 살해 시도를 겪는 여성이 놀랍게 많다. 2017년 발표에 따르면 한 해 동안 남편이나 애인에 의해 살해당한 여성이 최소 85명, 살인 미수로 살아남은 여성은 103명이었다. 언론에 보도된 것만 따져도 1.9일에 1명의 여성이 친밀한 남성으로부터 살해당하거나, 살해당할 위험에 노출되는 것이다. 알려지지 않은 사건까지 포함하면 위험에 처한 여성은 훨씬 더 많다고 볼 수 있다.

페미사이드의 바탕에는 구조적인 문제가 있다. 여성을 소유물처럼 여기고 무조건적인 복종을 요구하는 사고방식, 여성의 거절이나 도움 요청을 무시하는 문화 등이 여성의 위험을 가중시킨다. 그럼에도 불구하고 언론은 이와 같은 구조적 문제를 외면한다. 오히려 사건의 발생 이유를 가해자의 정신 이상이나 피해망상. 분노 조절 실패, 불우한 환경 등 개인적 차원의 문제로 축소하고 만다. 여기에다 '만취한', '내연녀', '동거녀', '밤늦게 귀가 중이던', '이별을 선언한', '만나주지 않는다고' 같은 문구들이 마치 사건의 원인인 양 보도에 따라붙는다. 이 과정에서 그나마의 책임마저 피해 여성에게 전가된다. 여성이라는 이유만으로 억울하게 살해된 여성이 죽음의 책임마저 져야 하는 모양이 된다.

페미사이드는 이처럼 개인적 차원으로 묻혀 버린 여성 살해의 실체를 세상에 드러내는 언어이다. 죽음과 폭력이 오로지 '여성이라는 이유'로 일어났음을 지적함으로써 사건의 구조적 측면을 고발하고, 성폭력적 문화에 대한 경각심을 불러일으킨다.

동시에 페미사이드는 여성의 연대를 촉구하는 언어이다. 개인으로 파편화되어 '운 나빠서 죽은', '행실이 나빠서 죽은', '어리석어서 죽은' 여성들의 문제가 사실은 여성 모두의 문제임을 각성시키고, 여성 전반의 동지적 공감을 불러모은다. 강남역 살인 사건 때 10번 출구 앞을 뒤덮었던 "여자라서 죽었다", "나는 운 좋게 살아남았을 뿐이다"라는 분노의 목소리는 구조적 폭력에 대한 되돌릴 수 없는 자각을 보여 준다.

#환상 속 '여자'

"너희들이 각종 매체에서 보는 그 일반적인 여성의 이미지는 누가 만드는 것 같아? 약하고, 조심스럽고, 남자에게 보호받고 싶어 하는 모습은 누가 만들었을까?"

FEMINIST

우리 반에 '여자' 없어요

일주일에 한 시간, 보건 수업이 든 날이면 왠지 모를 긴장감이 생기곤 한다. 보건 선생님의 수업은 늘 생각을 하게 하기 때문이다. 보건 선생님은 흡연, 음주, 마약같이 어른들이 좀처럼 말하려고 하지 않는 문제에 대해서 척척 이야기한다. 가르쳐 주지 않아도 우리가 이미 알고 있었던 것들이지만, 수업에서 들으면 새롭게 생각해 보게 된다. 진짜를 배우는 느낌이 든다.

오늘 수업의 주제도 마찬가지다. 오늘의 주제는 바로 '성'이다.

지난주, 선생님이 "다음 주 주제는 '성'이에요"라고 말씀하셨을 때 교실은 잠시 고요해졌다. 남자 선생님에게 성교육을 받는다는 것이 조금 어색한 느낌도 들었다. 하지만 곧 남학생들의 "오~" 하는 탄성이 교실을 채웠다.

"샘~ 저희 다 알아요!"

남학생들의 키득거리는 웃음소리로 교실은 '화기애매'해졌다. 대체로 이럴 때 여학생들은 아무 말도 하지 않는다. 물론 여학생들이 뭘 몰라서는 아니다.

남학생들이 시시덕거리든 말든 나는 이번에도 뭔가 '진짜'가 있으리라 기대하며 수업을 기다렸다.

수업이 시작되고, 선생님은 일단 우리에게 콘돔을 보여 주었다. 사실 난 콘돔을 처음으로 보았다. 모르고 봤으면 비타민인 줄 알았을지도! 납작한 포장 안에는 둥근 링처럼 생긴 비닐이 들어 있었다. 미끄덩거리는 이 물체에서는 딸기 향, 바나나 향 같은 인공 과일 향과 비닐을 태울 때 나는 매캐한 향이 섞여서 났다. 얇은데도 생각보다 질겼고 잘 늘어났다. 콘돔을 사용하는 이유야 익히 알고 있고, 사용법은 상상한 그대로였다. 큭큭.

선생님이 남성과 여성의 몸에 대해 한창 설명을 하던 중이었다. 교실 뒤편에서 한 남학생이 소리쳤다.

"샘, 더 자세하게 얘기해 주세요! 어차피 우리 반에는 여자 없어요!"

"크크크크."

"하하하하."

교실은 금세 낮고 굵은 웃음소리로 가득 찼다. 여학생들은 어이 없다는 듯 헛웃음을 냈을 뿐이다. 그런데 선생님이 태연하게 되받았다.

"그래? 그런데 어차피 이 반에는 남자도 없잖아?"

'엥? 이건 또 무슨?'

처음에 나는 선생님이 농담을 하는 줄 알았다. 남자아이들도 어리둥절해 보였다. 처음 소리친 성진이가 대답했다.

"아니죠. 남자는 있죠."

"어디 있는데?"

선생님은 천연덕스럽게 두리번거렸다. 여자아이들 사이에서 쿡쿡 웃음소리가 흘러나왔다. 반대로 남자아이들은 어색하게 술렁거리기 시작했다.

"우리 남자잖아요. 우리가 남자가 아니면 샘도 남자 아니게요?"

"그야 성별은 남자지. 근데 너희들이 말하는 남자나 여자는 성별이랑은 다른 것 같은데? 아니야?"

"네?"

"지금 여자가 없다고 말한 성진이, 그리고 함께 웃은 남학생들은 왜 웃었을까? 이 반에 성별이 여자인 학생이 없어서 웃은 건 아니잖아?"

"그건 여자 같은 여자가 없다는 거죠. 우리 반 여자애들은 다 남자처럼 털털하잖아요. 내숭도 안 떨고, 밥도 엄청 먹고, 힘도 얼마나 센데요!"

"그런 식으로 말하면 여자들 입장에서도 이 교실에 남자 같은 남자는 하나도 없는 거지. 힘도 안 세고, 불평도 많이 하고, 축구도 3반에 맨날 지고……."

여자아이들이 와르르 웃었다. 성진이가 불만스러운 목소리로 말했다.

"샘! 그건 좀 말씀이 심한 거 같은데요? 저흰 그냥 일반적인 의미로 여성스럽지 않다고 한 것뿐이잖아요."

줄곧 농담조로 이야기하던 선생님이 조금 정색을 했다.

"그래? 너희는 그냥 있어도 일반적인 남자인데, 여학생들은 내숭도 떨고, 밥은 적게 먹고, 힘쓰는 일은 못 한다고 해야 일반적인 여자인 거야? 그건 좀 이상하지 않아?"

"맞아요!"

"웃겨!"

여학생들이 여기저기서 호응했다.

"너희가 '일반적'이라고 말할 때 머릿속에 그리는 여성이 정말 우리가 일반적으로 만나는 여성일까? 혹시 현실에서는 좀처럼 보기 힘든, 드라마에나 나오는 여성 아니야?"

"어쨌든 일반적인 사람들 생각이 그렇잖아요."

"그래. 여자는 일반적으로 어떠해야 한다고 생각하는 것, 그런 기준이 있지. 그런데 그런 기준을 누가 만들었을까?"

"네?"

"너희들이 각종 매체에서 보는 그 일반적인 여성의 이미지는 누가 만드는 것 같아? 약하고, 조심스럽고, 남자에게 보호받고 싶어 하는 모습은 누가 만들었을까?"

"남자요!"

크게 소리친 것은 민선이었다. 다른 여학생들도 저마다 외쳤다.

"맞아요! 연기는 여자 배우가 해도 감독이나 PD는 다 남자예요!"

"광고주들도 다 남자예요!"

"비슷비슷한 것만 만들면서 우리까지 따라 하라고 해!"

높고 또렷한 목소리들이 교실 공기를 흔들었다. 아까와는 반대였다.

남자와 여자,
왜 기준이 다르지?

TV에서 여성 출연자들의 '섹시 댄스'를 흔하게 볼 수 있어. 대체로 딱 달라붙는 옷, 피부 노출이 많은 옷을 입은 여성 가수들이 멋진 몸매를 강조하는 동작과 유혹적인 표정을 보여 주지. 춤을 추지 않는 여성 가수들도 몸매가 잘 드러나는 얇은 드레스를 입고 노래할 때가 많아. 이런 모습은 우리에게 어떤 메시지를 전달할까? 물론 그 여성들이 매력적으로 보이게 하지. 하지만 그것만이 아니야. 표정, 동작, 옷차림, 뭐든지 여성이 보여 주는 것은 다 남자를 유혹하기 위한 것이고, 여성은 모두 다 남성의 성적 대상이 될 수 있음을 보여 줘.

너무 과장한 말이라고? 그럼 남성 가수들은 어떨까? 노출을 하거나 섹시 댄스를 추는 남자 가수도 있지만, 남자 가수들의 복장이나 춤은 훨씬 다양한 모습을 보여 주는 것 같지 않아? 절도 있는 춤, 우스꽝스러운 춤. 자신감 넘치는 표정이나 화난 표정을 짓기도 하지. 그런 모습을 여성의 성적 대상으로 연결하는 시선도 거의 없고!

이렇게 남자와 여자에게 요구되는 모습도 다르고, 기준도 다른 일은 우리 주위에 많이 있어. 잔소리는 누구나 듣지만 여성 청소년들만 듣는 잔소리가 따로 있잖아.

"여자가 치마 길이가 그게 뭐야?", "여자가 운동 잘해서 뭐해?" 같은 말들. 입장을 바꿔 보면 쉽게 알 수 있어. "남자가 바지 길이가 그게 뭐야?", "남자가 운동 잘해서 뭐해?"로 바꿔 보면 어때? 어처구니가 없지? 사실 이 말들은 여자가 들어도 어처구니가 없는 말이야. 너무 많이 들어서 이상하다고 느끼지도 못할 뿐이야. 이런 말들은 별 생각 없이, 자기도 모르게 툭 튀어나오지. 하지만 그래서 더 무서워. 이미 여성은 어때해야 한다는 생각이 의심도 갈등도 없이 박혀 있다는 뜻이니까.

#대상화

사전에서는 대상화를 "어떤 사물을 일정한 의미를 가진 인식의 대상이 되게 함"이라고 정의하고 있다. 그런데 사물이 아니라 사람을 대상화한다면 어떨까? 사람은 다양한 일면이 있고 그때그때 변화하는 존재이다. 그런데 일정한 의미를 기준으로만 사람을 인식한다면 그 사람을 제대로 알기는 어렵지 않을까?

사람을 대상화하는 대표적인 예가 성적 대상화이다. 성적 대상화는 성적인 의미만을 기준으로 사람을 바라보는 것이다. 사람에게는 여러 특성과 능력이 있음에도 불구하고 성적으로 매력적인지 아닌지, 성적인 교제를 하기에 적합한지 아닌지로 그 사람을 판단한다. 외모는 물론이고 나이, 성격, 옷차림 등 모든 것이 판단의 대상이 된다.

누구나 대상화를 당할 수 있지만, 여성에 대한 성적 대상화는 사회 전반적으로 벌어지고 있기 때문에 더욱 문제가 크다. 예능 프로그램, 웹툰, 영화, 드라마, 광고, 잡지 등에서는 여성이 타인에게 '소비'되는 모습을 계속 보여 준다. 여성의 인격과 지성보다 몸에만 관심을 갖는다. 남성 출연자들은 여성 출연자들에게 애교를 부려 달라, 섹시한 춤을 보여 달라 끊임없이 요청하고, 카메라는 춤추는 걸 그룹의 몸을 부위별로 클로즈업한다. 아이들 옷을 만드는 회사에서마저 유아용 비키니와 스키니를 생산한다.

타인에 의한 대상화가 지속되다 보면 스스로 자기를 대상화하는 자기 대상화가 이루어지기도 한다. "남들이 나를 어떻게 바라보는가?"를 기준으로 나를 인식하는 것이다. 착해 보이기, 유능해 보이기 등등 남들이 보기에 좋은 모습이 되려고 노력한다. 결국 '여자답게', '남자답게', '엄마답게'와 같이 사회에서 강요하는 기준을 따라가기 쉽다.

성적 대상화의 기준 역시 그대로 자기 대상화에 반영된다. 페기 오렌스타인의 『아무도 대답해 주지 않은 질문들』(문학동네, 2017)은 십 대 여자 청소년들이 완벽하게 생각하는 모습이 성적 대상화와 밀접하게 관련되어 있음을 지적하고 있다. 이들은 성적 대상화된 모습이 섹시하고 매력적이라고 인식한다. 친구끼리도 서로의 몸매나 외모를 품평한다.

오늘날은 인스타그램이나 페이스북과 같은 소셜미디어가 더욱 자기 대상화를 쉽게 만든다. 이곳에서는 나의 이미지를 가공하여 남들에게 보이고 싶은 모습만 보여 줄 수 있다. 그런데 남들에게 보여 주고 싶은 자신의 모습이란 과연 어디에서 왔을까? 내 안의 욕망이라고 굳게 믿고 있다 해도, 결국은 남의 시선에 휘둘리고 있는 것은 아닌지 의심해 볼 필요가 있다.

#엄마의 자리

출산을 하면서 김지영 씨는 일을 그만두었다. 아빠만큼
공부하고 아빠만큼 일했지만, 출산 후 김지영 씨는 엄마,
아줌마 그리고 경단녀가 되었다.

FEMINIST

경단녀 김지영

우리 집에는 경단녀가 산다. 이름은 '김지영'. 이름만 들어도 알 만한 대학을 나온 김지영 씨는 이름만 들어도 알 만한 기업에 입사해서 열심히 일했다. 그리고 그 기업에서 우리 아빠를 만나서 결혼을 하고 우리 오빠를 낳았다. 출산을 하면서 김지영 씨는 일을 그만두었다. 아빠만큼 공부하고 아빠만큼 일했지만, 출산 후 김지영 씨는 엄마, 아줌마 그리고 경단녀가 되었다.

오늘 TV에서는 경단녀로 지내다가 대학원에 들어가 교수가 된 여성의 성공 스토리가 나오고 있었다. 화면을 쳐다보던 아빠가 말했다.

"아이고, 저 아줌마는 경단녀에서 상위 1퍼센트가 되었다는데⋯⋯."

아빠가 흐린 말끝을 되살리면 '당신은 그동안 뭐했냐?' 내지는 '당신은 이제 뭐할 거냐?' 정도가 될 것이다. 엄마가 들으면 속상할 게 뻔한데도 아빠는 항상 이런 식으로 말을 한다.

그런데 오늘은 놀라운 일이 일어났다. 아빠가 뭐라고 하든 항상 침묵하던 엄마가 곧바로 아빠에게 쏘아붙인 것이다.

"무슨 말을 그런 식으로 해? 내가 그동안 놀았어?"

평소와는 억양부터 달랐다. 그동안 엄마가 아빠에게 동그란 돌이 구르듯 웅얼거렸다면 이 말은 깨진 유리처럼 차갑고 날카로웠다.

엄마의 반격에 놀랐는지, 아빠는 어색하게 얼버무렸다.

"아니, 당신도 계속 일했으면 저 아줌마보다 잘했을 것 같아 그렇지."

엄마는 대꾸가 없다. 나는 우리 때문에 엄마가 경단녀가 된 것 같아 미안한 생각이 들었다. 엄마는 연년생으로 태어난 오빠와 나를 키우고 까다로운 아빠의 뒷바라지를 하느라 그동안 다른 일은 꿈도 못 꾸었을 것이다. 아빠는 항상 바빴다. 주말에도 집안일을 나눠 하거나 우리를 돌봐 준 적이 별로 없다. 그러면서 저러니 엄마가 화가 날 수밖에.

"지금이라도 엄마 늦지 않았어. 뭐라도 해 봐!"

변함없이 눈치가 없는 오빠가 엄마에게 한마디 툭 던진다. 돌덩이 같은 말을. 아니나 다를까! 곧바로 엄마가 발끈했다.

"뭐라도라니, 엄마가 이 나이에 뭘 하니? 저 사람은 공부라도 했지. 엄마가 이제 공부한다고 하면 너희들 대학 등록금으로 모아 둔 거 엄마한테 줄 수 있어?"

오빠는 과일을 문 채 놀란 눈만 꿈뻑거렸다. 저렇게 눈치가 없는 것도 재주다.

엄마는 할 말을 하고 나니 조금 기분이 가라앉았는지 평소의 억양으로 나한테 말했다.

"연수 너는 결혼해도 절대 일 그만두지 마. 애는 엄마가 키워줄게."

나는 그만 울컥해지고 말았다.

"엄마가 왜 손주까지 키워? 엄마도 하고 싶은 거 해야지!"

"엄마가 이제 와서 하고 싶은 게 어딨어. 그리고 엄마가 안 키워주면 너도 일 그만둬야 되잖아. 엄마는 그런 거 싫다. 너라도 잘돼야지."

"나도 싫어. 그럴 거면 차라리 내가 결혼 안 하고 말지."

"그래. 그것도 괜찮고."

타박을 받을 각오를 하고 뱉은 말이었는데 엄마는 당연하다는

듯이 수긍했다. 나도 놀랐지만 불호령을 내릴 기세로 입을 열었던 아빠도 당황해서 엄마를 쳐다봤다.

조금 통쾌하기도 했지만 역시 서글픈 기분이 더 컸다. 엄마가 하고 싶은 게 없다니. 그럴 리가 없다. 엄마는 학생 때 글짓기도 잘하고 운동도 잘했다고 한다. 대학 시절에는 전액 장학금을 받았고 회사 다닐 때는 아빠보다 직급도 높았다. 한마디로 능력자였다. 그런 엄마가 지금이라고 아무런 꿈도 욕심도 없을 리 없다. 하지만 엄마는 자기 욕심을 입 밖으로 꺼내지 않는다.

이삼 년 안에 나와 오빠는 대학에 간다. 엄마한테도 조금씩 자기 시간이 늘어날 것이다. 원하면 직업을 가질 수도 있다. 하지만 아무도 엄마가 누구인지, 무엇을 했는지, 무엇을 할 수 있는지 관심을 갖지 않는다. 심지어 엄마 자신마저 관심이 없는 척한다. 사람들에게 엄마는 그냥 경단녀일 뿐이다.

　나는 방에 들어와 컴퓨터를 켰다. 그리고 아빠가 말한 TV에 나온 사람을 검색해 보았다. '경단녀, 아줌마, 세계 1퍼센트'라는 헤드라인이 커다랗게 실려 있었다. 대단한 사람이었다. 대학을 나와 직장에 다니다 결혼과 출산으로 회사를 그만둔 것까지는 엄마와 같았다. 가족 뒷바라지를 하다가 마흔이 넘어서야 박사학위를 받았다. 그 후에도 알아주는 사람 없이 꾸준히 연구를 계속했다. 그렇게 계속한 연구가 성과를 인정받아 정부의 과학자 육성 사업 지원 대상이 되었고, 대학 연구교수가 되고, 세계적인 정보분석 기업이 선정한 세계 연구 성과 분석에서 상위 1퍼센트에 들어갔다는 것이다.

　그런데 여러 기사를 찾아보다 보니 마음 한구석에서 의문이 솟아올랐다.

　'왜? 모든 기사에 다 경단녀란 말이 따라다니는 거야? 지금 이 사람은 박사님이잖아?'

　엄마처럼 결혼과 육아 때문에 경력이 단절되는 여성이 많은 것은 사실이다. 그런 사람들은 대부분 예전의 학력, 경력을 하나도 인정받지 못해서 새로 취업하기가 어렵다. 그러니까 정부나 언론에서 '경력단절여성'이란 말을 만들고 관심을 갖는 것은 좋은 일이라고 생각한다.

　하지만 엄마와 이 박사님이 다르듯이 수많은 경력단절여성은 다들 사정이 다르고 처한 상황이 다르다. 매번 똑같이 경단녀란 말로 묶어 버릴 수 있는 걸까? 우리 아빠처럼 괜히 비교하면서 엄마 탓을 하는 사람만 늘어나지 않을까?

내가 궁금한 건 그것만이 아니다. 만약 똑같은 조건에서 아저씨가 같은 결과를 냈다면 기사의 헤드라인은 어땠을까?

'경단남, 아저씨, 세계 1퍼센트'였을까?

'환경 극복, 좌절을 이겨낸 OOO 박사, 세계 1퍼센트'였을까?

나, 너무 꼬인 건가?

왜 맨날
여자만 억울하대?

가족을 돌보고 육아와 가사를 하는 것도, 가계를 위해 돈을 버는 것도 힘들고 어려운 일이야. 둘 다 중요한 역할이고. 당연히 한쪽 역할이 무조건 손해라고 말할 수는 없지.

문제는 누가 어떤 역할을 할지 자유롭게 정하기가 어렵다는 거야. 여자는 육아를 담당하고 남자가 직장에 다니는 게 당연하다는 생각이 사회에 널리 퍼져 있거든. 계속 직장에 다니고 싶은 엄마도 있고, 아이를 키우고 싶은 아빠도 있는데 우리 사회는 이런 선택을 하기가 쉽지 않아. 남자가 집에서 살림을 하면 무능한 사람 취급을 한다든가, 남자가 육아휴직을 신청하면 눈치를 주는 경우가 흔하지. 또 여자는 승진에 불이익이 있고 월급도 적게 받기 때문에 할 수 없이 남자가 직장에 다니기로 결정하는 부부도 있어.

2017년 우리나라 통계청의 발표에 따르면, 15세 이상 경제활동 가능 인구 중 남성은 73.9퍼센트가, 여성은 53.1퍼센트가 경제 활동에 참여하고 있대. 그중 경제 활동 참여가 가장 활발한 것은 남녀 모두 20세부터 50세까지야.

20~29세까지의 경제 활동 참여 인구를 비교해 보면 이때는 여자가 남자보다 더 많이 경제 활동에 참여해. 아마 남자는 군대를 다녀오고 취업하기까지의 기간이 여자보다 길기 때문이겠지? 하지만 이 비율은 30대가 넘으면서 역전돼. 남자의 경우에는 경제 활동에 참여한 인구가 90퍼센트를 넘는 반면 여자는 60퍼센트를 겨우 넘기거든. 그러니까 30대가 되면 경력이 단절되는 여자가 늘어난다는 거야. 알다시피 결혼과 출산, 육아 때문이지.

이렇게 줄어든 여성 경제 활동 인구는 아이가 좀 클 무렵이 되어도 30세 이전 수준으로 회복되지 않아. 그리고 40세 이상 여성이 받는 급여는 경력이 끊기지 않은 비슷한 나이 남성들의 급여에 비해 아주 적어. 한번 경력이 단절되면 다시 취업하기가 어렵고, 이전과 비슷한 수준의 직장에 취업하기는 거의 불가

능에 가깝다는 거지. 육아 때문에 직장을 그만두었더라도 취업하고 싶을 때 언제든 취업할 수 있다면 애초에 경단녀 같은 말은 생기지 않았을지도 몰라.

요즘은 남자도 여자도 다 취업하기가 힘들고 남자 한 사람의 월급으로 온 가족의 가계를 책임지기도 쉽지 않은 세상이 되었어. 그래서 더 여성의 경력단절 문제를 열심히 고민해야 해. 엄마 아빠 양쪽이 다 자유롭게 자기가 하고 싶은 역할을 할 수 있다면 결국 가족 모두가 행복해질 테니까.

FEMINIST

#차이·차별·차등

차별 문제를 논의할 때 자주 혼동되는 개념이 차이·차별·차등이다. 차이는 서로 차이가 난다는 뜻이고 차별은 차등을 두어 구별한다는 의미를 지닌다. 여기서 차등이란 차이가 나는 등급을 뜻한다. 발전적인 논의를 위해서는 이 셋을 구별하여 사용할 필요가 있다.

차이와 차별 앞에 '남녀'라는 말을 붙여 보면 의미가 더 명확해진다. 남녀 차이는 성별의 차이, 신체적 특징의 차이 등을 의미하고, 남녀 차별은 남녀의 등급을 나누어 구별한다는 뜻이 된다.

매년 세계경제포럼WEF이 발표하는 성 격차 지수The Global Gender Gap Report에서 우리나라는 2017년 기준 144개국 중 118위로, 남녀에 따른 격차가 상대적으로 큰 것으로 나타났다. 즉 다른 나라에 비해 성별 때문에 차별받는 일이 더 많고 정도가 심하다는 의미다. 우리나라에서 이 성 격차 지수는 발표와 함께 상당한 논란을 불러왔다. 우리나라 여성이 다른 나라에 비해 그렇게 차별받지 않는다고 생각한 남성들은 통계의 신뢰성에 의문을 제기하며 반발했다.

이 조사는 각국의 정치·경제·사회적 수준을 고려하지 않고 남녀 격차만을 평가한다. 따라서 우리나라 여성들이 빈국 여성들보다 더 나은 삶을 산다고 해도 남성과의 지위 차이가 뚜렷하다면 남성과 여성이 비슷하게 못사는 나라에 비해 점수가 낮게 나타난다. 어느 나라 여성이 더 행복하게 사는가와 관계없이 격차만을 보여 주는 것이다. 따라서 경제 수준이 높고 민주주의가 발달한 우리나라에서는 결과가 체감이 잘 되지 않는 면이 있다.

하지만 이 조사는 여성의 지위가 과거보다 상승한 것과 별개로 여전히 우리나라에서 남녀의 격차가 크다는 것을 확인해 주었다. 특히 성별에 따른 임금 격차, 경제 활동과 의사 결정 과정에서의 격차는 다른 선진국에 비해 많이 낮은 수준이다.

#혐오가 뭐예요?

"예쁘다는 말은 칭찬이잖아요. 왜 그게 혐오인지 일단 말이 안 되는 것 같아요. 요즘 남자가 무슨 말만 하면 여성혐오라고 몰아가는데, 그런 식이면 어떻게 얘기를 해요?"

FEMINIST

무슨 말을 못 하게 해

"너 그거 여성혐오 발언이야. 알아?"

민선이의 여성혐오라는 말은 교실 공기에 작은 균열을 만들었다. 말할 타이밍을 보는 것처럼 입을 벌리고 있는 아이들도 있고, 서로 눈치만 살피는 아이도 있다. 화난 아이, 지켜보는 아이, 모두가 숨을 죽이고 있었다.

민선이와 마주 보고 있던 현태가 침묵을 깼다.

"이게 왜 혐오야? 무슨 말만 하면 다 혐오래!"

일의 발단은 지난주 학급회의로 거슬러 올라간다. 곧 열릴 체육대회에서 반 티셔츠를 맞춰 입자는 이야기가 나왔다. 돈이 아깝다는 반대 의견도 있었지만 결국 다수결로 반티를 맞추기로 했다.

하지만 그다음 진행은 원활하지 않았다. 반티 가격을 알아보고 모양을 정하는 과정에 반 아이들의 참여가 별로 없었다. 민선이를 비롯해서 적극적인 아이 몇 명이 단톡방에 쇼핑몰 사이트나 티셔츠 샘플을 올려도 확인조차 안 하는 아이들이 많았다. 직접 물어봐도

"알아서 해", "비싸지만 않으면 돼" 하는 반응이 고작이었다.

중간 과정이 그랬으니 최종 결정이라고 잘 될 리가 없다. 기껏 최종 후보 몇 개를 정해서 투표를 하려는데 그제야 여기저기서 불만이 튀어나왔다. 후보로 올라온 티셔츠들이 다 별로라는 말이 나왔다. 누구는 전부 싼 티 난다고 했고 누구는 너무 비싸다고 했다. 당연히 고심해서 후보를 정한 아이들은 기분이 상했다. 점점 양쪽의 목소리가 커졌고, 회의는 말싸움처럼 되어 갔다. 그 와중에 현태가 슬쩍 이런 말을 흘린 것이다.

"하여간 김민선은 얼굴은 예쁜데 나대서 탈이야."

정식 회의 발언도 아니었고 큰 소리로 말한 것도 아니었지만 자리가 가까운 아이들에게는 똑똑하게 들릴 만한 소리였다. 아주 애매했다. 나라면 지적하고 화를 내야 할지 그냥 넘어가야 할지 고민했을 것이다. 아니, 고민을 하다가 말할 타이밍을 놓쳤을 것이다. 하지만 민선이는 1초도 망설이지 않고 받아쳤다.

"너 그거 여성혐오 발언이야. 알아?"

여성혐오. 요즘 인터넷에서 많이 보는 말이다. 그리고 이 말이 나오면 항상 싸움이 된다. 모두 그것을 알아선지 긴장하고 있었다. 나도 마찬가지였다. 싸움이 커질까 봐 걱정도 되고, 이 말을 직접 입에 올리는 민선이가 대단하다는 생각도 들었다.

현태는 억울하다는 듯이 말했다.

"아, 그래. 나댄다고 한 건 내가 좀 심했던 거 같아. 그래도 아까부터 네가 말을 제일 많이 하니까 그냥 농담처럼 말한 거잖아. 그리고 내가 나댄다는 말만 했냐? 예쁘다고도 했잖아."

"오오~"

갑자기 긴장이 스러지면서 남자애들 사이에 웃음과 환호가 터져 나왔다. 눈치도 없이 "고백이다!", "사귀어라!" 하고 소리치는 녀석들도 있었다. 민선이는 당황스러운 표정을 하기는 했지만 곧 또박또박 말했다.

"이럴 때 예쁘다고 하는 거, 그것도 여성혐오 발언이거든."

반 분위기는 다시 싹 가라앉았다. 그리고 순식간에 남자아이들이 와글거리기 시작했다.

"왜 그게 혐오야?"

"아무거나 다 혐오래!"

"예민선 또 나왔다. 하여간 피해의식!"

남자애들이 시끄러워지자 여자아이들도 한마디씩 입을 열기 시작했다.

"혐오 맞아!"

"얼굴 얘기가 왜 나와!"

이미 반티는 다들 안중에도 없었다. 이러다가 남녀 싸움이 되겠다 싶은 순간, 지켜보고 있던 담임 선생님이 자리에서 일어났다.

"다들 조용! 우리 한 사람씩 이야기할까?"

진욱이가 불만스럽게 말했다.

"이야기하고 말 것도 없어요. 이건 그냥 시비 거는 거라고요."

"그것도 이야기를 들어 봐야 알지 않을까? 자, 민선이와 현태부터 얘기해 보자. 누가 먼저 할래?"

먼저 입을 연 것은 현태였다.

"예쁘다는 말은 칭찬이잖아요. 왜 그게 혐오인지 일단 말이 안 되는 것 같아요. 요즘 남자가 무슨 말만 하면 여성혐오라고 몰아가는데, 그런 식이면 어떻게 얘기를 해요?"

"그래. 그럼 민선이는 왜 그 말이 여성혐오라고 생각했는지 말해 줄래?"

민선이가 대답했다.

"지금 회의 중이었잖아요. 첫째로 저는 회의에서 의견을 많이 말했다고 나댄다는 소리를 들었고요. 둘째로 회의랑 상관도 없이 얼굴 이야기가 나왔어요. 결국 '여자는 얼굴이 예쁘고 말을 많이 안 하는 쪽이 좋다'는 뜻이 들어 있잖아요. 이건 여성혐오라고 생각해요."

"그래. 민선이 생각은 이렇다고 하는데 또 이야기할 사람?"

반장인 수영이가 손을 들었다.

"저는 여성혐오라는 말에 문제가 있다고 생각해요. 혐오는 싫어하거나 미워할 때 쓰는 말이잖아요. 현태가 나댄다는 말을 한 건 잘못이지만, 현태가 여자를 싫어하거나 김민선을 싫어해서 그런 말을 한 건 아니거든요. 지금 상황에 전혀 맞지 않는 말 같아요."

"수영이 생각도 알겠어. 다음 사람 이야기를 듣기 전에 여성혐오라는 말을 조금 설명하고 넘어가자."

선생님은 칠판에 다가가서 'misogyny'라고 적었다.

"원래 여성혐오는 미소지니misogyny라는 영어 단어의 번역이야. 이 말은 또 '싫어하다'를 의미하는 'misos'와 '여자'를 의미하는 'gynē'를 합친 그리스 말에서 왔고. 수영이 말대로 여자를 싫어한다는 뜻이지. 그런데 우리 국어 시간에 배운 것 기억하니? 언어는 사람들이 어떻게 쓰느냐에 따라 의미가 변한다고 했잖아. 미소지니라는 말도 그래. 지금은 대개 남자 입장에서 여자를 대상화하는 말과 생각을 가리켜서 미소지니라고 해. 여자를 무시하거나, 차별하거나, 반대로 아주 신성시하거나……. 그러니까 여성혐오라는 단어를 이해할 때는 사전적인 의미만 따지지 말고 맥락을 같이 이해할 필요가 있어."

"외국 사람들이 어떻게 쓰든 우리는 혐오라는 말을 그렇게 쓰지 않잖아요. 번역을 잘못한 거 아닌가요?"

"그래? 그럼 어떻게 말하면 좋을까? 일본의 우에노 치즈코라는 학자는 미소지니를 여성혐오 대신 여성멸시라는 말로 번역했는데, 그 말은 어떤 것 같아?"

남자아이들은 여전히 석연치 않은 표정이었다.

"멸시도 틀린 것 같아요. 혐오보다는 좀 낫지만……."

"어쨌든 혐오란 말은 너무 싸우자는 것 같아요. 이번에도 나댄

다는 말만 지적하면 될 걸 혐오니 뭐니 하는 말을 붙이니까 싸움이
되잖아요."

나는 무심코 손을 번쩍 들고 말했다.

"괜히 싸움이 되는 건 아닌 것 같아요."

반 아이들의 시선이 나에게로 모였다. 원래 그냥 듣고만 있으려
고 했는데 싶으면서 후회가 찾아왔지만 엎질러진 물이다. 나는 심
호흡을 하고 이야기를 시작했다.

"평소에 기분 나쁜 말을 듣고서 뭐라고 하면요, 가만히 있으면
지나길 일을 왜 괜히 싸움을 만드냐는 말을 듣거든요. 예민하게 군
다는 말도 많이 듣고요. 어차피 말 꺼낸 사람 탓이 될 거면 계속 참는
것보다는 뭐라도 말을 하는 게 나을 거 같아요. 민선이가 딱 부러지
게 말을 해서 이렇게 다 같이 이야기를 하니까 저는 좋아요."

곧바로 남자아이들이 손을 들고 반박을 하기 시작했다. 한동안
이야기를 했지만 의견은 좁혀지지 않았다. 결국 회의 시간이 모자
라서 이 문제는 결론 없이 흐지부지되고, 급하게 반티 이야기로 돌
아갈 수밖에 없었다.

반티 투표를 하는 동안에도 아직 내 가슴은 쿵쿵대고 있었다. 반
박이 쏟아졌을 땐 가슴이 철렁했다. 내가 괜히 말을 잘못해서 이야
기가 더 꼬이나 하는 생각도 들었다. 그래도 조금은 속이 후련했다.

예쁘다고 하는 게
왜 여성혐오야?

말이란 참 복잡해. 누가 어떤 때 하느냐에 따라서 같은 말도 의미가 달라질 수 있거든. 만약에 남자친구가 여자친구하고 데이트를 하면서 예쁘다고 말했다면 아무 문제가 없을 거야. 그런데 이렇게 회의를 할 때나 다른 이야기를 하는 중에, 혹은 그다지 친하지 않은 사람이 불쑥 예쁘다고 말한다면 어떨까?

이런 발언은 말하는 사람이 여자의 말이나 행동에는 크게 관심이 없고 외모만 보고 있다는 것을 알려 주지. 또 여자의 외모는 언제든지 평가의 대상이 될 수 있다는 생각, 남자는 평가하는 사람이고 여자는 평가받는 사람이라는 인식도 드러나. 여자는 남자한테 예쁘다는 말을 들으면 무조건 좋아할 것이란 생각을 보여 주기도 해. 때와 장소를 가리지 않는 외모 품평 한마디에 여성에 대한 대상화, 일반화, 편견이 다 들어 있는 거야. 모두 여성혐오지.

가부장제 사회에서 우리는 남자들의 목소리를 주로 들어 왔어. 생각을 말하는 것도 남자고, 평가하는 것도 남자고, 행동의 주체가 되는 것도 남자였지. 역으로 여성은 항상 주체가 아니라 대상으로만 다뤄졌어. 지금도 여성에 대한 대상화는 계속되고 있어. 그렇다 보니 여성혐오의 범위도 넓어질 수밖에 없어. 여자를 무시하고 차별하는 것도 여성혐오지만 무작정 칭찬하고 신성시하면서 "여자는 이해심이 많다. 남자의 안식처가 되어 준다" 하고 틀에 가두는 것도 여성혐오야. 흔하게 하는 말이나 행동, 영화의 한 장면, 문제집 지문, 어디에나 여성혐오가 있을 수 있어.

모호하고 어렵다고 생각하는 친구들도 있을 거야. 사실 여성혐오가 무엇인지, 여성혐오라는 단어가 과연 적당한지는 지금도 계속 논의 중이야. 아직 답이 나오지 않은 문제라 볼 수 있지. 하지만 그렇기 때문에 여성혐오라는 말은 꼭 필요한 말이기도 해. 말이 있어야 이야기를 나눌 수 있거든. 우리가 여전히 서로 할 말이 아주 많이 있는 것처럼 말이야.

#참정권

세계 최초로 여성의 투표권을 인정한 국가는 남반구 끝에 위치한 뉴질랜드
다. 뉴질랜드는 1853년부터 선거로 선출되는 하원이 있었는데, 이때만 해도 투
표권은 재산이 있는 유럽인 남성에게만 허락되었다. 그런데 1860년대 골드러시
로 채굴꾼들이 몰려들면서 인구가 폭증하자, 새로 유입된 남성들도 투표권을 받
았다. 1879년에는 모든 성인 남성에게 투표권이 주어졌다. 하지만 여전히 여성
들은 신분을 막론하고 투표권을 얻지 못했다.

여성들은 투표권을 얻기 위해 사회운동가 케이트 셰퍼드를 중심으로 캠페
인을 벌였다. 1888년 최초로 여성의 투표권을 인정해 줄 것을 요구하는 청원
이 의회에 제출되었다. 청원은 거절당했으나 여성들은 포기하지 않고 1891년,
1892년, 1893년 계속하여 청원을 제출했다. 1893년에 '1893년 여성의 참정권
탄원서The 1893 Women's Suffrage Petition'라 불리는 청원서가 제출되었다. "여성은
법적으로나 사회적으로나 남성과 동등한 권리를 가졌으며, 투표권은 남성만의
권리가 아닌 인간의 권리"임을 천명한 이 청원에는 당시 뉴질랜드 성인 여성의
4분의 1이 참여했다.

마침내 1893년, 뉴질랜드 여성들에게 투표권이 부여되었다. 여성이 참정권
을 획득한 것은 여성 스스로의 꾸준한 투쟁의 결과였다.

오랫동안 싸우기는 했지만, 평화적인 청원만으로 목표를 달성했다는 점에서

뉴질랜드 여성들은 사정이 나은 편이었다. 다른 나라의 여성 참정권 획득은 이보다 더 어렵고 더 오래 걸렸다. 영국에서는 에멀린 팽크허스트를 중심으로 전투라 표현될 만큼 과격하고 필사적인 참정권 운동이 있었다. 처음에는 평화로운 방식의 집회로 참정권 운동을 펼쳤으나 남성들은 반응하지 않았다. 여성들은 1908년부터 '말이 아닌 행동'을 내세우며 WSPU Women's Social and Political Union, 여성사회정치동맹를 결성, 돌을 던지고 공공 기물을 파손하는 등의 전투적 노선을 택했다. 1912년 3월에는 국회의사당 앞에서 시위를 벌이던 200여 명의 여성들이 런던 중심가를 습격하여 피카딜리 거리를 비롯한 주요 거리 건물의 유리창을 모조리 박살내기도 했다. 이들의 노력 덕분에 영국은 1928년, 남녀 동일하게 21세부터 투표권을 부여하는 국가가 되었다.

이후 1920년 미국, 1944년 프랑스 역시 여성의 투표권을 인정하였으며 우리나라는 해방 이후 1948년 7월 17일 대한민국 헌법이 제정·공포되면서부터 여성의 투표권이 인정되었다. 뉴질랜드를 제외하고 대부분의 국가에서 여성이 한 명의 사람으로 정치에 참여할 수 있게 된 역사는 채 100년이 되지 않는다.

#X의 세계

욕을 먹은 것은 정재인데 오히려 정재는 별로 상관 안 하는 것 같고, 괜히 내가 기분이 나빴다. 물론 여자한테 했어도 기분 나쁜 말이지만, 남자들끼리 그 욕을 쓴다는 게 더 거슬렸다.

왜 놈이 아니고 년이야?

선생님들이 추억하는, 핸드폰 없던 시절의 쉬는 시간은 우당탕 탕 뛰어다니는 아이들과 떠드는 아이들로 시끄러웠다고 한다. 하지 만 요즘 쉬는 시간은 예전과 다르다.

"여기까지 하자!"라고 선생님이 수업 종료를 선언하면 "수업 끝 이에요? 핸드폰 해도 돼요?"라는 질문이 이어진다. 이후 교실은 수 업 시간보다도 더 조용해진다.

교실이 조용해지는 단계는 이렇다.

1단계 : 이어폰을 낀다.

2단계 : 핸드폰의 화면을 연다.

3단계 : 게임이나 SNS에 접속한다.

4단계 : 각자의 세계에 빠져든다.

각자의 세계에서 주인공 혹은 관찰자가 된 우리는 현실과는 상 관없는 곳에서 총을 쏘며 좀비를 무찌르거나 남의 삶을 읽고 '좋아요, 싫어요, 화나요' 등을 누른다. 그것도 아니라면 다른 공간에 있는 사람들과 얼굴도 보지 않고 대화를 나눌 수도 있다. 어찌 되었든 고요함 속에 분주한 쉬는 시간이 지나간다.

오늘 오후, 이 고요함이 깨졌다.

"야, 이 씨발년아!"

소리를 친 것은 지호였다. 이어폰 음량을 크게 해 둔 몇몇 빼고는 모두 들을 수 있을 만큼 큰 소리였다. 깜짝 놀라 고개를 드니 정재와 지호가 서로 노려보고 있었다. '씨발년'이란 욕은 정재를 두고 한 말이었다.

막 교실을 나가려던 수학 선생님이 인상을 쓰며 둘을 불렀다. 지호와 정재는 밖으로 불려 나가 혼이 났다. 선생님의 잔소리도 아랑곳없이, 둘은 교실로 돌아와서도 계속 옥신각신했다.

"아, 너 때문에 깨졌잖아! 그깟 사진 가지고."

"뭐래? 내가 지우라고 할 때 지웠으면 이런 일 없었어!"

눈치껏 정리하자면 지호가 남에게 보이기 싫어하는 어떤 사진이 있고, 정재가 그 사진을 SNS에 올리니 마니 하면서 지호의 약을 올렸나 보다. 그래서 화가 난 지호가 정재에게 '씨발년'이라고 욕을 한 것이다.

'왜 하필 씨발년이지? 년은 여자 욕하는 말이잖아. 정재는 남자인데.'

욕을 먹은 것은 정재인데 오히려 정재는 별로 상관 안 하는 것 같고, 괜히 내가 기분이 나빴다. 물론 여자한테 했어도 기분 나쁜 말이지만 남자들끼리 그 욕을 쓴다는 게 더 거슬렸다.

국어, 담임 선생님 시간이다. 수업이 마무리될 무렵 선생님이 지호한테 불쑥 물었다.

"근데 왜 씨발놈이 아니고 년이야?"

"네?"

지호가 당황하며 반문했다.

"아까 지호가 욕하는 거 다 들었어. 복도까지 쩌렁쩌렁 울리더라. 그거 정재한테 한 말이라며? 왜 놈이라고 안 하고 년이라고 했어?"

선생님은 천연덕스럽게 미소까지 띠면서 묻는다. 혼을 내려는 건지, 정말 몰라서 묻는 건지 알 수 없는 표정에 지호는 머뭇거리기만 했다. 수영이가 대신 답했다.

"씨발놈보다 더한 욕인 거죠."

시큰둥한 말투, 굳이 설명할 필요도 없다는 투다.

"엥? 왜?"

선생님이 이해할 수 없다는 듯 눈을 동그렇게 뜨고 수영이를 쳐다봤다.

"남자한테 여자라고 하는 거니까요. 뭐, 넌 남자도 아니다 이런 뜻 아니겠어요?"

수영이를 대신해 대답한 선영이가 입술을 꼭 깨물었다.

"그럼 여자애들끼리 싸울 때는 씨발놈이 더 심한 욕이 되는 거야?"

"아니요. 여자애들끼리는 그렇게 말하지 않아요."

"그럼 뭐야? 년은 남자애들끼리 무시할 때 쓰는 말인 거야?"

"그렇다고 할 수 있죠."

"그럼 놈보다 년이 더 나쁜 말이라는 거네? 왜 그렇지?"

"샘, 그냥 욕이에요. 신경쓰지 마세요!"

지호가 말했다.

"신경 쓰이거든. 말은 우리가 표현하는 생각의 한계를 만들어. 씨발년은 안 그래도 여성을 비하하는 표현인데, 남성까지 비하하는 말로 쓰이게 되면 이전보다도 더 큰 혐오의 의미를 갖게 되잖아. 원래는 씨발놈이나 씨발년이나 비슷한 정도의 욕이어야 하는데 말이야."

담임 선생님의 진지한 말 때문에 씨발년은 욕이 아닌 탐구의 대상이 되었다. 선생님은 왜 이런 말을 쓰는지, 씨발의 의미가 뭔지, 그래서 놈과 년이 어떤 의미 변화를 겪었는지를 하나하나 설명했다. 마지막은 교실에서 이 말들이 사라졌으면 좋겠다는 결론으로 마무리되었다. 씨발년은 그렇게 우리에게 금지어가 되었다.

오빠가 오늘따라 나보다 더 먼저 집에 와서 소파에 누워 있다. 고3이라고는 도저히 믿을 수 없는 느긋함이다. 오빠는 수험서 볼 때

보다 더 진지한 표정으로 핸드폰 속 좀비와 싸우고 있다.

"아…… 좀비, 이 씨발년을…….."

"오빠! 씨발년 좀 그만 부르지!"

"뭐? 너한테 하는 말도 아닌데 상관 마라."

선생님과 우리의 약속과 무관하게 오늘도 씨발년은 여기저기서 불려 나오고 있다.

그냥 욕일 뿐인데?

　씨발년, 개 같은 년, 미친년……. 이런 표현은 여성을 비난하거나 비하하는 말이야. 옛날에는 이런 욕설의 대상은 여성이었어. 남자에겐 씨발놈이라고 하고 여자에겐 씨발년이라고 했던 거지. 그런 욕을 해도 괜찮았다는 건 아니야. 다만 이 두 욕이 비슷한 급이었다는 거야.

　그런데 이 말이 여성이 아닌 남자들 사이에서 비하의 표현으로 쓰이는 건 좀 다른 문제야. 남자들이 서로를 모욕할 때 쓰이는 씨발년은 씨발놈에 더하기 성차별의 의미가 포함되어 있는 거거든. "너는 여자야"라고 말하는 게 욕이 되는 것은 남성보다 여성을 더 낮추어 보는 사회적 인식이 깔려 있기 때문이야. 우리가 평소 쓰는 말에 우리의 속마음이 숨겨져 있는 거지.

가끔 "요즘은 성차별이 없어진 것 같아요", "나는 남녀차별 안 해요" 같은 이야기를 하는 친구들이 있어. 그런데 이 친구들에게 물어보고 싶어. 싸우다가 욕을 들었는데, '씨발놈'과 '씨발년' 중에 어느 쪽이 더 기분 나쁠까? 아마 남자든 여자든 년 쪽이 더 기분 나쁘다고 대답할 거야. 놈과 년 중에 년이 더 나쁜 말로 쓰인다는 것, 여자를 강조하는 것이 비난의 의미로 쓰인다는 것을 무의식중에 알고 있으니까.

　　내가 원하든 그렇지 않든 우리는 차별의 문화 한가운데에서 함께 살고 있어. 그러니까 그 문화에서 비롯한 말을 아무 생각 없이 사용하면 결과적으로 안 좋은 문화를 자꾸 키우고 퍼뜨리게 된다는 점을 기억해 줘. 우리는 서로에게 영향을 주고 또 영향을 받는 사회적인 생물이니까.

#메갈리아

『이갈리아의 딸들』은 노르웨이 작가 게르드 브란튼베르그가 1977년에 발표한 소설이다. 여성 중심으로 사회가 돌아가는 이갈리아라는 나라와 그곳에서 남성 해방을 꿈꾸는 페트로니우스의 이야기다. 소설은 출간과 함께 여러 나라의 언어로 번역되었고, 엄청난 논쟁을 불러왔다.

소설 속 이갈리아의 세계는 현실 사람들의 생각이나 행동을 성별만 바꿔서 거울처럼 비추어 낸다. 남성들은 브래지어 대신 성기를 감싸는 '페호'라는 것을 착용한다. 그들은 이갈리아의 미적 기준에 따라 살을 찌우고 키가 작게 보이기 위해 노력한다. 매력적인 남성과 그렇지 않은 남성 사이의 차별을 인정하고 남성에게 주어진 역할을 충실하게 수행하며 그것이 바로 '남성의 행복'이라고 믿는다. 뱃사람이 되고 싶은 페트로니우스에게 여동생은 "남자는 뱃사람이 될 수 없다"고 놀리고, 수염에 컬을 넣은 아빠는 사이좋게 지내라는 말만 한다. 낯설게 들리지만 남성의 자리에 다시 여성을 넣으면 전혀 낯설지 않은 이야기가 된다.

이 소설은 우리나라의 페미니즘 운동에도 큰 영향을 미쳤다. 이갈리아보다 더 유명한 '메갈리아'의 탄생에 일조한 것이다. 메갈리아는 2015년에 등장하여 인터넷 여성운동 대중화에 나선 인터넷 사용자 집단, 혹은 이러한 움직임 자체를 말한다. 디시인사이드 메르스 갤러리를 시초로 했기 때문에 '메르스 갤러리'와 '이갈리아'를 합쳐 '메갈리아'라고 한다.

메갈리아는 인터넷에서 여성들이 받아온 욕설, 외모 비하, 성적인 조롱 등의 여성혐오를 그대로 남성에게 반사하는 미러링 전략으로 주목을 받았다. 이들은 원색적인 비속어 사용과 공격적인 태도로 비판을 받기도 하였으나, 인터넷에 만연한 여성혐오의 실태를 폭로하고 여성의 목소리를 뚜렷하게 냈다는 데 의의가 있다.

메르스 갤러리로부터 파생된 메갈리아 사이트는 얼마 후 사라졌으나, 이때 대중화된 인터넷 여성주의 운동은 다양하게 분화하여 활발하게 지속되고 있다. 현재 '메갈'이란 단어는 페미니스트에 대한 멸칭으로 사용되고 있다.

#나는 관리를 부탁하지 않았다

왜 잘못된 일을 참는 아이들이 많을까? 항의를 해도 문제가 해결되기보다 불이익을 겪을 가능성이 더 높기 때문이겠지.

FEMINIST

예쁘게 하고 와

"알바 진짜 때려치우고 싶다."

"왜? 시급 많이 준다고 좋아하더니."

"돈 많이 주면 뭐하냐. 매니저가 지랄이다."

신영이는 지난달부터 알바를 시작했다. 신영이가 일하는 곳은 대형 프랜차이즈 음식점이다. 사장이 있고 매니저가 따로 있다. 신영이는 방과 후 6시부터 9시까지, 가장 바쁜 시간에 서빙을 한다. 신영이처럼 이 시간에만 일하는 십 대 알바생들만 대여섯 명이라고 한다.

그런데 요즘 신영이는 힘든 건 둘째 치고 매니저 때문에 알바를 가는 게 싫단다. 때려치울까 싶다가도 높은 시급 때문에 결정하기도 쉽지 않다.

"왜? 무슨 일 있었어?"

민선이가 신영이에게 물었다.

"매니저 아저씨가 진짜 짜증이야. 툭하면 나보고 예쁘게 좀 하고 오라고 잔소리야."

"아, 뭐니? 자기가 왜?"

"손님 상대하는 일이니까 신경을 쓰라느니, 안경 빼고 렌즈 끼라느니. 어휴, 진짜."

"다른 애들은 뭐래?"

"다른 애들은 이런 소리 안 들어. 다 남자애들이거든."

"뭐 복장 기준 같은 게 있는 거야?"

"없어, 없어! 남자애들은 머리 빡빡이도 있고 안경 쓴 애도 있는데 나만 가지고 그러는 거야!"

옆에서 듣고 있던 우철이가 끼어들었다.

"웃기는 놈이네. 손님들은 그런 거 신경 안 써."

"진짜 짜증 날 만하다."

내가 맞장구를 치는데, 신영이의 얼굴이 조금 심각해졌다.

"실은 밤마다 잘 들어갔느냐 어쩌냐 쓸데없는 톡을 보내기도 해. 매니전데 씹을 수도 없고."

민선이가 입을 딱 벌렸다.

"뭐래니!"

"지난번에는 나를 위아래로 훑더니 한숨을 쉬면서 이러는 거야. '네가 몇 살만 더 나이가 많았어도······' 그러고서 뒷말은 안 해."

듣기만 해도 짜증이 났다. 나오는 욕을 참고 있는데 우철이가 물었다.

"그 사람 몇 살인데? 아저씨라며?"

"스물아홉인가? 서른인가? 결혼은 안 한 거 같은데……."

"야, 결혼 안 했어도 말이 안 되거든!"

"때려치워, 당장 때려치워!"

우철이와 내가 동시에 외쳤다. 민선이가 조심스럽게 물었다.

"그 사람, 혹시 이상한 짓 하는 건 아니지?"

"이상한 짓이라니?"

"어디를 만진다든지, 손을 잡으려고 한다든지."

신영이가 고개를 갸웃거렸다.

"음…… 아니야, 괜찮아. 가슴이나 엉덩이 이런 데 건드린 적은 없어. 얘기하면서 어깨나 팔 같은 데를 잡을 때는 있지만."

나는 버럭 소리를 치고 말았다.

"어디가 괜찮아, 그거 성희롱이잖아!"

"아니야……. 그 정도야 그냥 내가 참으면 되지."

"안 돼, 안 돼! 너 절대 그대로 있으면 안 돼. 신고하자."

민선이가 말했다. 하지만 신영이의 얼굴은 더 어두워질 뿐이었다.

"누구한테 해? 어깨 만지는 건 사장 아저씨도 똑같아. 그리고 다른 데 알바 가도 이런 사람 많다고."

우리 얼굴도 어두워졌다. 머리를 맞대 봤지만 뾰족한 생각이 나지 않았다. 걱정되고 화가 났다. 성희롱, 몇 번을 들어도 낯설고 멀기만 한 말은 왜 이렇게 우리 주변에 흔한 걸까?

그런 것도 성희롱이야?
그 정도는 참을 만하잖아

반대로 물어볼게. 참기로 했다면 그건 이상한 일이라는 걸 이미 느끼고 있는 거 아니야?

신영이와 같은 경험을 하는 십 대들은 생각보다 많아. 겉으로 드러나는 일이 드물 뿐이야. 많은 아이들이 이런 일을 참고 넘기거든.

왜 잘못된 일을 참는 아이들이 많을까? 항의를 해도 문제가 해결되기보다 불이익을 겪을 가능성이 더 높기 때문이겠지. "하지 마세요!"라고 말하는 순간 '센 아이, 유난스런 아이'로 찍히고, 일하는 동안 괴롭힘을 당하거나 차별을 당할 수도 있어. 돈이 꼭 필요하거나 다른 아르바이트를 구하기 어려운 상황이라면 더 힘들어지겠지.

　돈을 벌 수 있는 곳은 누구에게나 소중한 장소야. 그렇기에 더욱 돈을 내세워 타인을 함부로 대해서는 안 돼. 더구나 매니저가 했다는 "예쁘게 하고 다녀라" 같은 말을 생각해 봐. 설령 매니저가 신영이에게 성적으로 접근하지 않는다고 해도 해서는 안 될 말이야. 결국 남들, 특히 남자들이 보기에 좋도록 꾸미고 다니라는 뜻이잖아? 신영이는 서빙을 하고 돈을 받기로 했어. 예쁘게 입고 와서 손님을 만족시키는 것은 신영이가 제공하기로 약속한 노동에 포함되지 않지. 그런데도 이런 말을 툭툭 던지는 것은 사람을 주체가 아닌 도구나 대상으로 생각하기 때문이야.

　가게 사장님이 남자 아르바이트생들에게 딱 붙는 스키니에 올백 머리를 요구한다면 어떤 생각이 들까? "보기 좋게 좀 하고 다녀라"라는 말도 덧붙이면서. "사람을 뭘로 보고!" 이런 말이 저절로 튀어나오겠지. 그런데 여자애들에게는 이런 말을 쉽게 하는 사장님이 참 많아. 꼭 고쳐져야 할 일이지.

#친고죄·의제강간 제도

범죄의 피해자 또는 기타 법률이 정한 자의 고소나 고발이 있어야 공소할 수 있는 범죄를 말한다. 모욕죄, 명예훼손, 횡령 등이 이에 속한다. 이전에는 성범죄도 친고죄에 해당되었다. 성범죄 피해자를 비난하는 사회 분위기 속에서 직접 성범죄자를 고발하는 일은 쉽지 않았다. 그 덕에 처벌을 피해 가는 범죄자들도 많았다. 2013년 6월 19일 법이 개정되면서 성범죄는 친고죄에서 제외되었다. 피해자가 직접 고발·진술하지 않아도 병원 진료 기록, 목격자 증언 등으로 범죄가 밝혀지면 가해자는 형사 처벌을 받게 된다. 본인이 아닌 부모, 형제 및 자매, 법정 대리인이 대신하여 신고해도 되며 명확한 증거 없이 피해자의 신빙성 있는 진술과 정황만으로도 형사처벌이 될 수 있다. 미성년자의 경우에는 2010년 법 개정으로 미성년자가 성년이 된 날부터 공소시효를 계산할 수 있게 되었으며 강간살인 등의 범죄에 대해서는 과학적 증거가 있는 경우 공소시효가 연장되거나 적용되지 않도록 하여 성폭력 가해자의 처벌을 강화하였다.

또 우리나라에는 청소년을 보호하기 위한 법안으로 의제강간 제도가 있다. 13살 미만의 사람과 성관계를 하거나 성추행을 하면, 의도가 무엇이든, 폭행이나 협박이 있었든 없었든, 강간이나 유사강간 또는 강제추행 등의 죄로 처벌한다는 규정이다. 2014년 40대 남성의 연예기획사 대표가 15세 여중생을 강간했으나 서로 사랑했다는 가해자의 주장으로 무죄판결을 받은 사건이 있다. 이때 여중생의 나이가 15세였기 때문에 40대 연예기획사 대표는 의제강간 제도에 따른 심판을 받지 않았다. 이 일을 계기로 정치권에서는 의제강간의 기준 연령을 만 16세로 상향해야 한다는 입장을 냈다.

이미 많은 나라들이 의제강간 제도를 시행하고 있으며 나이뿐 아니라 지위, 관계에 기준을 두기도 한다. 그런데 우리나라의 경우에는 '판단 능력의 부족'을 이유로 나이에만 기준을 두고 있다.

반면 '십대섹슈얼리티인권모임'과 '청소년인권행동 아수나로'는 "청소년 대상 성폭력의 해결책은 의제강간 연령 기준 상향이 아니다"라는 성명을 발표하며 청소년의 성적 자기결정권을 주장했다. 이들은 "청소년은 미성숙하니까 성적 자기결정권을 보장해서는 안 돼"라는 말 대신 청소년이 온전히 성적 자기결정권을 실현할 수 있도록 정보접근권과 성교육, 일상 속에서의 평등한 관계, 결정 능력에 대한 사회적 존중, 궁핍한 상황에 내몰리지 않도록 지원하는 안전망의 필요를 요구하고 있다.

#싸우면 달라진다

"어떻게 해. 우리 때는 다 그러고 살았는데. 붙들고 싸울 수도 없잖아." "왜 못 싸워요? 안 싸우니까 안 바뀌지요."

FEMINIST

물 좀 가져와라

우리 식구들은 오늘 외갓집에 와 있다. 우리만이 아니라 외가 식구들이 다 모였다. 모두 모이니까 그 널찍한 외갓집에 발 디딜 틈이 없다.

우리 외할머니는 딸 셋, 아들 셋 총 육 남매를 낳고 기르셨다. 엄마는 둘째다. 엄마 위에는 큰외삼촌, 그러니까 엄마의 오빠가 있고 아래로는 남동생과 여동생이 두 명씩 있다. 주위를 보면 자식 한 두 명 기르는 것도 보통 일이 아니던데 할머니는 어떻게 이렇게 많이 낳고 기르셨는지 볼 때마다 의문이 든다. 무뚝뚝한 외할아버지가 육아를 도우셨을 리도 없는데.

엄마는 둘째지만 나는 외갓집에서 막내다. 큰외삼촌 아들인 성훈 오빠와 지훈 오빠는 둘 다 대학생이고, 첫째 이모네 집 시훈 오빠와 다현 언니도 나보다 나이가 많다. 첫째 이모는 엄마 동생이지만 엄마보다 결혼을 빨리 했다고 한다. 그러니까 외갓집에 가면 우리 오빠를 포함하여 모두 내가 오빠라고 불러야 하는 사람이 넷이나 되는 거다. 물론 모두 다 우리 오빠처럼 내 인생에 도움이 안 된다. 그래서 나는 외가 가는 걸 그렇게 좋아하지 않는다. 다현 언니를 만나는 건 좋지만, 오빠는 한 명도 너무 많다.

오늘 우리가 모인 이유는 할아버지의 여든 생신을 축하하기 위해서다. 엄마가 외식을 제안했지만 할머니와 할아버지가 굳이 마다하셔서 엄마와 이모들, 외숙모들이 할아버지 생신상을 차렸다. 일손은 많지만 그만큼 준비할 음식도 많아서 일이 끝이 없다. 나와 다현 언니도 뭔가 거들 일을 찾아서 분주하게 움직였다.

"연수야, 물 좀 가져와라."

할아버지가 부르신다.

"연수야, 과일 없냐?"

큰외삼촌의 목소리다.

뭔가 되게 억울하다. 여자들은 나이 드신 할머니까지 부엌에서 일을 하는데 남자 어른들과 오빠들은 핸드폰을 만지고 텔레비전을 보며 수다를 떨고 있다. 심부름하느라 부엌과 거실을 오가다 보니 더 비교가 된다.

"연수야! 떡 모자란다. 우리 떡 좀 더 갖다 줘!"

우리 집의 장손, 큰외삼촌의 큰아들 성훈 오빠가 말했다. 누가 오빠 아니랄까 봐. 내가 접시에 떡을 담고 있는데 옆에서 다현 언니가 소리쳤다.

"오빠! 그런 건 직접 와서 가져가면 안 돼? 왜 자꾸 시키고 그래!"

나는 속으로 언니를 응원했다. 하지만 화살은 엉뚱한 곳에서 날

아왔다. 외할머니였다.

"연수야, 오빠든데 좀 가져다 주면 어때서."

"할머니, 저희 지금 일하잖아요. 오빠들은 노는데 왜 우리가 해요?"

"아이고, 그게 무슨 큰일이라고. 그거 잠깐 갖다 주는 게 뭐가 힘들어?"

"그럼 오빠는 그거 가지러 오는 게 힘들어서 우리 시켜요?"

"아유, 괜찮아요, 어머니. 성훈아! 네가 와서 가져가!"

큰외숙모의 말에 상황은 정리되는가 싶었다. 그런데 부엌으로 어정어정 들어온 건 성훈 오빠가 아니라 나의 웬수 우리 오빠였다. 성훈 오빠는 자기가 형이라고 그걸 또 우리 오빠한테 시킨 모양이다.

"야, 네가 빨리 가져왔으면 됐잖아!"

시킨 건 성훈 오빠일 텐데 나한테 짜증이다.

"왜 연수한테 그래?"

다현 언니가 따지자 우리 오빠도 반격한다.

"누나야말로 아까부터 왜 그렇게 예민하게 굴어?"

이모와 엄마는 말없이 지켜보고만 있다. 애들 싸움이 어른 싸움 된다고, 괜히 가슴이 조마조마했다. 나는 서둘러 떡을 담은 접시를 오빠에게 내밀었다. 오빠는 고맙다는 말도 없이 휙 거실로 돌아갔다.

큰외숙모가 민망한 듯 말했다.

"내가 성훈이 버릇을 잘못 들였나 봐. 공부만 열심히 하라고 '엄마 이거! 엄마 저거!' 하는 거 다 들어줬더니 여기 와서까지 저러네."

"형님 탓만도 아니에요. 우리 오빠부터가 저렇게 버티고 앉아서 가져와라, 가져가라 하잖아요. 다 보고 배우는 거지."

"맞아요. 맨날 여자들만 이렇게 동동동. 남자들은 설거지 한 번을 안 하잖아요."

막내이모와 작은외숙모도 한 마디씩 했다. 큰외숙모가 첫째 이모에게 물었다.

"그래도 시훈 아빠는 집에서 엄청 잘하지 않아? 설거지도 하고 밥도 하고."

"집에서 잘하면 뭐해요? 여기 오면 손가락 하나 까닥 안 하려고 하는데. 명절마다 그렇게 얘기를 해도 형들만 만나면 저래요. 역시 미리미리 큰오빠부터 버릇을 고쳐 놨어야 했다니까."

엄마가 복잡한 표정으로 말했다.

"어떻게 해. 우리 때는 다 그러고 살았는데. 붙들고 싸울 수도 없잖아."

"왜 못 싸워요? 안 싸우니까 안 바뀌지요."

작은외숙모가 시원시원하게 말했다. 어른 앞에서 말을 안 가린다고 외할아버지가 평소 눈엣가시로 여기는 며느리지만 나는 작은외숙모를 참 좋아한다.

"싸우면 바뀌기는 하려나?"

"싸운다고 해도, 어떻게 싸워?"

"별거 있겠어요? 그냥 시키는 거죠. 설거지나 밥이나 하다못해

과일이라도 깎으라고 하든지.”

“난리가 날 텐데…….”

“그래도 시대가 시대인데 앞으로도 계속 이러고 살 수는 없지 않겠어요? 애들 보기도 그렇고.”

어른들의 이야기는 생각지 않은 방향으로 흘러가고 있었다. 나는 다현 언니와 눈빛을 주고받았다. 평소 같았으면 몇 마디 끼어들었을 다현 언니인데 지금은 입을 다문 채 흥미진진한 표정만 하고 있다.

“형님들, 싸우실 의향은 있으시구요?”

작은외숙모의 도발적인 질문이다. 엄마도, 큰외숙모도, 이모들도 순간 머뭇거렸다. 다들 의욕은 있지만 가족 모두가 얽힌 일이다 보니 선뜻 말하기 어려운 모양이었다.

그때 묵묵히 듣고만 계시던 할머니가 일어나 거실 쪽으로 향하셨다.

“오늘 저녁 설거지는 남자들이 좀 해라. 우리 힘들다.”

조금 떨리는 듯했지만 분명한 목소리였다.

“엄마!”

할머니의 아들들이 외쳤다.

싸워서 남는 게 뭐야?

싸워서 남는 건 변화겠지. 변화가 있기까지는 갈등이 필요한 법이야.

연수 엄마의 "다 그러고 살았는데"는 한쪽의 순응과 희생을 당연하게 여기는 말이야. 그래서 누군가가 "나는 그렇게 살고 싶지 않은데요"라고 말하면 이기적인 사람, 가족의 평화를 생각하지 않는 사람이 되고 말지. 그런데 한쪽이 계속 참고 희생하고 있다면 그걸 평화로운 가족이라고 할 수 있을까? 희생으로 지켜지는 건 남자들만의 평화, 가부장제의 평화가 아닐까?

"바꾸자, 달라지자!"라는 말에는 필연적으로 "그럼 어떻게 할 건데?", "넌 뭘 원하는데?" 같은 질문들이 따라와. 그리고 이런 질문은 사람들을 고민하고 갈등하게 만들지. 하지만 그 고민과 갈등은 변화의 시작이 될 수 있어.

변화를 위해 싸우는 것이 쉬운 일은 아니야. 나 혼자만이 아니라 여러 사람이 얽혀 있을 때, 중요한 일을 하고 있을 때라면 더 그렇지. 우리나라의 명절 문화가 계속 문제가 되는데도 쉽게 변화하지 않는 것은 그래서야. 일가친척이 다 모여 명절 행사를 치르는 중에 갈등을 만들려니 너무 부담스러운 거지. 하지만 그렇다고 참으면 불합리한 희생이 계속될 뿐이야. 오죽하면 명절 증후군이라는 병이 다 생겼겠어. 힘든 노동에다 정신적인 스트레스, 불합리를 참아야 하는 억울함, 사랑하는 남편과 가족이 내가 희생하는 것을 보고만 있는 상황까지 겹쳐지면 힘들 수밖에 없지. 더구나 연수네 외가 남자들처럼 여성의 노동을 당연한 것으로만 여기고 고마워하기는커녕 예민하다거나 왜 이 정도도 안 해 주느냐고 비난까지 한다면 더는 참기 어렵겠지?

그럼 어떻게 싸움을 해야 할까? 가장 좋은 방법은 연수네 외가 어른들처럼 함께 싸우는 거야. 싸움은 보통 길고 힘든 것이지만 여럿이서 함께한다면 원만하게 변화가 이뤄질 수 있어.

또 이것이 꼭 여자 대 남자의 싸움이 될 필요도 없어. 남자들도 얼마든지 가부장제와 싸울 수 있거든. 여자들이 "더 이상 우리만 일하지는 않겠다"고 싸움을 시작할 때 남자들은 "이제는 우리도 함께 일하겠다"고 나설 수 있는 거지. "일할 사람 많으니까 가서 쉬어"라고 부엌에서 쫓겨나더라도 바로 퇴각하지 말고 더 할 일을 찾아본다든가, 여자 형제와 번갈아 가며 심부름을 한다든가, 명절 전에 노동 분담에 대해서 온 가족이 같이 이야기한다든가, 집집마다 방법은 많을 거야.

　가부장제의 평화만 지키고 정작 가족들은 명절증후군으로 끙끙 앓느니 다 함께 변화를 위한 싸움에서 이기는 쪽이 진짜 가족의 평화를 지키는 일 아니겠어?

#호주제

"가문을 잇기 위해 아들을 낳아야 한다", "아들을 낳지 못해 죄인" 같은 말을 집집마다 입에 올리던 시절이 있었다. 유교 국가였던 조선 시대 이야기가 아니다. 20세기 후반까지도 아들을 낳을 때까지 계속 아이를 낳거나 심지어 여아 낙태를 하는 집 이야기는 아주 진부한 것에 속했다. 도대체 아들이 뭐기에 그랬을까? 이를 알아보다 보면 호주제라는 제도와 마주하게 된다.

한국은 1960년 민법을 제정하면서 일본이 식민 강점기 때 만들었던 가족 단위 법을 그대로 유지했다. 이것을 호적이라고 하고, 이에 따라 하나의 호적에 등재된 사람들을 법적으로 '가족'이라고 정의했다. 여러 명을 한꺼번에 묶어 놓았던 탓에 가족을 대표하는 색인자를 필요로 하게 되었고 이를 호주라 했다. 호주가 사망하면 또 다른 색인자를 필요로 했는데 남성 위주로 순서를 매겨 아들이 아내와 딸보다 우선적으로 호주 승계를 받도록 했다. 이는 가부장제의 장자승계 방식을 그대로 차용한 체계로, 이렇게 만들어진 호주제는 근대화를 거치고도 가부장제의 행동양식이 고스란히 남게 된 원인 중 큰 부분을 차지했다.

딸은 결혼 후에 호적에서 나가기 때문에 출가외인이 되는 존재이고 아내는 피가 섞여 있지 않기 때문에 집안을 대표할 수 없었다. 가문은 남자들에 의해서만 이어지는 것이라 여겨졌다. 이렇게 호주제는 남성이 가정에서 여성보다 우위를 유지하도록 하는 역할을 했고 이는 곧 남아선호로 이어졌다. 사회에서의 남녀차별을 공고히 하는 데도 큰 영향을 끼쳤다.

남아선호 사상, 여성에 대한 차별을 강화하는 호주제는 끊임없이 비판의 대상이 되었다. 1998년 9월 '호주제 폐지를 위한 시민의 모임' 발족을 시작으로 본격적인 호주제 폐지 운동이 시작되었다. 여성단체와 시민단체는 다양한 계층의 지지를 모으며 헌법소원 등 여러 가지 방법으로 호주제 폐지 운동을 진행했다. 결국 2005년 2월 3일 헌법재판소로부터 '호주제 헌법불일치' 판정을 끌어냈다. 국회는 3월 2일 호주제 폐지를 핵심으로 하는 민법 개정안을 통과시켰다.

지금 대한민국은 호주제가 사라진 국가이며 각각의 사람은 한 명의 호주에게 소속된 일원이 아니라 개인으로서 존재한다. 호적 대신 기본증명서가 개인으로서의 사람을 확인해 주는 법적 증거다. 부부가 혼인 시 합의하면 자녀가 어머니의 성씨를 따르는 것도 가능해졌으며 이미 성씨가 정해진 경우에도 이혼, 재혼 등으로 자녀의 복리를 위해 성과 본을 변경할 필요가 있을 때에는 가정법원의 허가를 받아 변경할 수 있게 되었다. 여성의 본적지를 결혼 후 남편의 본적지로 바꾸어 오던 일도 사라졌다.

남편의 집안에 여자가 들어가고, 아버지의 집안에 자식이 포함되는 것을 주요 내용으로 하던 부계 혈통 위주의 신분 등록 시스템은 이제 대한민국에 없다.

#허락받아야 하는 페미니즘

페미니즘은 여성의 삶에 대한 것이지만, 그중에서도 특히 사회적 약자로서의 여성, 소수자로서의 여성에 주목하고 있다는 점이 중요해.

FEMINIST

교장 샘 허락은 받으신 거예요?

"문제 있는 페미니즘? 페미니즘이 잘못이라고 생각하는 사람 모여라!"

누가 만든 것인지 알 수 없는 동아리 홍보물이 붙었다. 동아리 이름은 'Bad Feminist'.

아이들의 의견은 분분했다. 누군가는 페미니즘에 불만 있는 아이들이 만든 동아리라고 했고 또 누군가는 페미니즘의 필요성을 느낀 아이들이 만들었을 거라고 했다. 하지만 'Bad Feminist'라니!

"누구야? 페미니즘에 Bad, '나쁜'을 붙이다니!"

내 말에 민선이가 말했다.

"궁금해? 그럼 가 보자. 가 보면 누가 왜 만들었는지 알겠지."

"괜히 갔다가 욕만 먹으면 어떻게 해?"

● 「나쁜 페미니스트(Bad Feminist)」(록산 게이, 사이행성, 2016)라는 책 제목에서 가져왔다.

걱정스런 내 말에 신영이가 말한다.

"우리가 뭘 잘못했다고 욕을 먹냐? 안 그래?"

잘못된 걸 봤을 때 속으로는 화내면서도 막상 행동해야 할 때 소심해지는 나는 민선이와 신영이의 이런 당당함이 부럽다.

"그래! 가자. 가 보는 게 뭐 어렵다고, 그치?"

나는 짐짓 아무렇지도 않은 척 이야기했다. 그렇지만 나는 동아리 모임이 예정된 곳으로 이동하면서도 계속 불안했다.

"근데 이거 교장 샘은 아시는 걸까?"

내 질문에 신영이는 눈을 동그랗게 뜨며 물었다.

"뭘?"

"페미니즘 동아리든, 안티 페미니즘 동아리든 애들이 이런 동아리 만든 거 말이야. 교장 샘이 싫어하실 수도 있잖아?"

"허락이 왜 필요해? 우리 학교에서 동아리는 자율적으로 조직하고 운영할 수 있는 거 연수 너도 알잖아."

"아니, 그래도……. 아무리 그래도 지도교사 선생님은 꼭 있어야 하잖아. 누가 이런 동아리를 담당하겠냐고."

"글쎄, 그것도 가 보면 알겠지."

민선이의 태도는 태평했지만 나는 여전히 걱정이 그치지 않았다. 떨림을 감추고 드르륵, 교실 문을 열었다. 그런데 거기엔 생각도 못한 사람이 있었다. 우리까지 열댓 명쯤 되는 아이들 한가운데 싱글거리며 앉아 있는 사람은 우철이었다.

"헐. 너 왜 여기 있어?"

실망을 감추지 못하는 내 질문에 우철이는 도리어 당당하게 되물었다.

"왜? 난 여기 오면 안 돼?"

"안 될 건 없지만 너마저 이러는 건 좀⋯⋯."

"왜? 내가 어떻게 했는데?"

"아니⋯⋯ 여긴 나쁜 페미니스트 모임이잖아⋯⋯."

"그게 어때서?"

우철이는 하나도 이상하지 않다는 듯 싱글거리기만 했다. 그때였다.

"올 사람 다 온 것 같으니까, 이제 모임을 시작해 볼까요?"

교단 앞으로 나간 사람은 민선이었다.

"민선아! 너 뭐야? 이거 네가 만든 거야?"

나와 신영이는 깜짝 놀라서 민선이를 바라봤다.

"응, 나야. 정확히는 나랑 우철이가 만든 거야."

민선이는 웃으면서 말하더니 교실을 한 번 둘러보고 이야기를 시작했다.

"소개하겠습니다. 자율 동아리 'Bad Feminist'입니다. 우리 모임은 페미니즘에 대해 공부하고 이야기하는 모임입니다. 페미니즘에 대해서 궁금했던 것, 말해 보고 싶었던 것은 뭐든지 이야기할 수 있어요."

"어? 이거 페미니즘 모임이에요?"

1학년인 것 같은 남학생이 당황해서 질문했다. 속았다는 얼굴이었다. 다른 여학생 하나가 손을 들고 질문했다.

"왜 이름이 'Bad Feminist'인가요?"

"음. 페미니즘은 항상 말이 많은 주제잖아요? 페미니즘 자체가 잘못되었다는 사람도 있고, 남녀평등은 좋지만 지금의 페미니즘은 잘못되었다는 사람도 있고요. 반대로 페미니즘은 항상 옳고, 잘못된 행동을 하면 페미니스트가 아니라는 사람도 있어요. 이렇게 생각이 다르다 보니 서로 비난만 하는 경우가 많아지더라고요. 왜 이렇게 다른지도 궁금했고요. 그래서 페미니즘이 좋은 것이다, 나쁜 것이다 정해 놓지 않고 자유롭게 이야기하고 싶어서 이런 모임을 만들었습니다. 이 모임에서는 좋은 말만 할 필요가 없습니다. 반대 의견을 말해도 되고 감정적으로 불편한 것도 괜찮아요. 평소 가졌던 궁금증을 함께 해결해 가고 싶어서 만든 모임이니까요."

옆에 서 있던 우철이가 말을 받아서 마무리했다.

"우리 목적은 이해하고 공부하는 겁니다. 공부하다 보면 비판도 더 잘할 수 있고, 생각이 바뀔 수도 있지 않을까요?"

민선이와 우철이의 말이 끝나자, 언제부터인가 뒤에 서 계셨던 이대호 선생님이 물었다.

"샘도 여기 들어와도 되나요?"

"물론이죠. 샘!"

이렇게 지도교사는 이대호 선생님, 동아리장은 강민선이 맡기로 했다. 처음 모였던 열댓 명에서 인원은 절반으로 줄었지만 우리는 좀 더 친구들을 모아 보기로 했다. 나중에 알고 보니 민선이가 우철이에게 페미니즘 동아리를 만들고 싶다고 했고 두 사람이 같이 이대호 선생님을 찾아가 부탁했단다. 과정이야 어찌 되었든 학교에 페미니즘에 대한 이야기를 나눌 자리가 마련되었다는 게 신기하고도 이상한 기분이 들었다. 그때 교실 한편에서 1학년 민경이의 목소리가 들렸다.

"선생님, 근데요. 이거 교장 샘이 허락하신 거예요?"

도전적이면서도 걱정스러운 이 질문에 이대호 선생님이 되물었다.

"왜?"

"아니, 허락 안 해 주실 것 같아서요."

"경제 동아리도 있고 과학 동아리도 있는데 페미니즘 동아리도 당연히 되지."

이대호 선생님은 당연하다는 듯이 말했다. 하지만 학생들은 의심스러운 얼굴이었다.

"그거랑은 좀 다른 것 같은데요……."

"어떻게 다르지?"

"경제나 과학은 학교 공부랑 관계가 되지만, 이건……."

"이건 살아가는 데 공부가 되지. 샘은 남자지만 보건 교사야. 남들에게 샘이 보건 교사라고 말하면 대개 어떤 반응인 줄 알아? '왜 남자가 보건 교사야?' 내지는 '오, 되게 신기해요'라고 해. 마치 남자는 보건 교사가 되면 안 된다는 듯이 말이야. 샘은 페미니즘이 이런 차별에 대해 이야기한다고 생각해. 페미니즘은 여성의 삶에 대한 것이지만, 그중에서도 특히 사회적 약자로서의 여성, 소수자로서의 여성에 주목하고 있다는 점이 중요해. 우리 사회에는 다양한 소수자가 있어. 장애인의 삶, 성소수자의 삶, 어린이와 청소년의 삶, 다른 인종의 삶, 빈곤층의 삶 등 우리 삶의 여러 가지 측면과 연결해서 생각해 볼 수 있을 거야. 물론 여성 그 자체로도 아주 중요한 주제이고 말이야. 과거에 비해 소수자들의 삶이 나아졌다고들 하는데 정말 나아졌는지, 나아졌다는데 왜 페미니즘을 말하면 이상하거나 유별난 사람이 되는지에 대해 공부해 보자. 공부하라는 말은 꼭 찬성하라거나 생각을 바꾸라는 이야기가 아니야. 공부하다가 '에잇, 안 해!' 할 수도 있겠지. 일단은 알고 보자는 얘기야! 오케이?"

"오케이!"

페미니즘 때문에
불편해요

　진지충, 씹선비라는 말이 있지. 진지한 이야기를 꺼내는 사람, 문제를 제기하고 따지는 사람을 욕하는 말이야. 진지眞摯는 마음 쓰는 태도나 행동 따위가 참되고 착실하다는 뜻이고, 선비는 학문을 닦으며 도리를 추구하는 사람이야. 모두 좋은 뜻인데 어쩌다가 이 말들이 욕이 되었을까?

　평소 사람들이 하는 말이나 행동에 문제를 제기하는 사람들이 주로 이런 말을 듣곤 해. "웃자고 하는 말인데 뭘 그렇게 심각하게 받아들여?", "지금까지 아무도 문제 삼지 않았는데 너만 왜 그래?" 하면서 바로 '진지충'으로 만들고 말아. 페미니즘 역시 '진지충' 취급을 받고 있어. 여전히 우리 사회에서 페미니즘은 다른 사람들을 불편하게 만드는 것이라는 인식이 있기 때문이야.

하지만 일의 앞뒤를 꼼꼼하게 따져 보는 것이 잘못된 일일까? 웃음으로 포장되면 모두 괜찮은 걸까? 우리가 '지식인' 혹은 '지성인'이라고 부르며 존경하는 사람들이 어떤 사람들이었는지 생각해 봐. 그들이야말로 너무나 익숙해서 당연하다고 생각되던 일에 문제를 제기하거나, 두려워서 아무도 하지 못하는 말과 행동을 대신해 준 사람들 아니었어?

나에게 편하고 재밌는 일이 어떤 사람에겐 더없이 불편하고 힘든 일일 수도 있어. 그럴 때 "웃자고 하는 일에 왜 이렇게 진지해?"라고 말해도 되는 걸까? 혹시 그건 "내가 웃고 싶으니까 너는 계속 참아!"라는 얘기랑 똑같은 건 아닐까? 그런 사람이 되고 싶은 친구는 별로 없을 거야.

그리고 진지한 일도 얼마든지 재미있을 수 있다는 거! 게임 좋아하는 친구들은 알 거야. 게임 할 때 다들 얼마나 진지한지. 다른 일도 마찬가지야. 서로 이해할 마음만 있다면, 의견을 주고 받는 일도 옳고 그름을 따져 보는 일도 얼마든지 흥미로운 경험이 될 수 있어. 남을 참게 만들면서 생각 없이 웃고 떠들기보다는 진지하게 생각하고 이야기하는 재미를 찾아보는 것도 좋지 않을까?

#'페미니스트는 아니지만 그래도' 증후군

"나는 페미니스트는 아니지만 그래도~"

사람들이 성평등에 대한 생각을 말하기에 앞서, 괜히 버릇처럼 이런 말을 붙이는 일은 무척 흔하다. 우리나라에만 있는 버릇도 아니다. 오죽 이런 말을 덧붙이는 사람이 많았으면, 소설가 리사 터틀이 『페미니즘 사전』을 집필하면서 "'나는 페미니스트는 아니지만 그래도' 증후군"을 항목으로 등재했을 정도다. 증후군, 즉 병의 증상에 빗대도 이상하지 않을 만큼 보편적인 현상이라는 것이다.

사전은 이 증상을 이렇게 소개한다.

성차별이 존재하고 여성이 그로 인해 고통받고 있다는 것을 분명히 알기에 페미니즘의 필요성에는 충분히 동의하지만 페미니스트로 인식되기 싫어하는 경향. 페미니스트라는 표지에 의해 사납고 경직되고 유머 없고 교조적이며 정치적 올바름에 사로잡힌 여성이자 남성혐오적인 레즈비언 이미지로 비춰질까 두려워하는 여성들의 심리 상태.

―리사 터틀, 『페미니즘 사전』 (동문선, 1999, 219~220쪽)

여성들의 심리 상태라 했으나 실제로는 남성들 역시 이 말을 사용한다. 마음

속으로는 페미니즘에 찬성하지만, '페미니스트'라는 딱지에 따라오는 오해나 편견의 대상은 되고 싶지 않은 일종의 자기방어라고 설명할 수 있다.

논쟁 중인 주제에 대해서 명확하게 한쪽 입장을 밝히는 것은 부담스러운 일이다. 무슨무슨니스트, 무슨무슨주의자라는 명칭 자체에 거부감을 느낄 수도 있다. 하지만 각자의 이유가 무엇이든 유독 페미니즘 문제에서만 이런 말이 많이 나온다는 것은 그만큼 페미니스트 선언 이후에 타인에게 부정적인 시선을 받을 위험이 크다는 뜻일 것이다.

도대체 페미니스트가 뭐길래?

페미니스트는 사회에서 어떻게 보이고 있을까?

그 시선은 실제 페미니스트의 모습 그대로일까?

사회에서 생각하는 페미니스트의 모습이 나의 모습과 다르다면, 나는 페미니스트가 아닌 걸까?

2장 ▸ **모두를 위한 페미니즘**

#가르치고 싶어 하는 사람들

남자들은 여자한테 뭘 못가르쳐서 죽은 귀신이 붙었나 봐. 왜 여자는 무조건 모를 거라고 생각하는 걸까?

FEMINIST

오빠가 가르쳐 줄게

"풉. 저게 뭐야."

텔레비전에 나온 남자 배우를 보며 나는 실소를 터뜨렸다.

요즘 인기 있다는 공중파 드라마. 화면 속 남주와 여주는 놀이 공원의 회전컵을 타는 중이었다. 남주는 당장 컵 밖으로 튕겨 나갈 것처럼 몸을 쭉 뒤로 뺀 채 아련한 눈빛으로 여주를 바라보고 있다. 음악과 함께 머리카락은 슬로모션으로 휘날린다. 멋있으라고 저러는 것 같은데 내 눈에는 웃길 뿐이었다.

"왜? 뭔데?"

물컵을 들고 거실을 지나가던 오빠가 내 웃음소리에 이쪽을 기웃거린다. 나는 화면을 가리켰다.

"쟤 앉은 거 봐. 완전 웃기지 않아?"

"으이그, 김연수, 무식하긴! 관성력 때문에 그런 거잖아."

"뭐?"

나는 황당해서 반문한 건데, 오빠는 내가 몰라서 묻는다고 생각한 모양이다. 당장에 의기양양해져서 설명을 하기 시작했다.

"할 수 없지. 이 오빠가 가르쳐 줄게. 컵은 원운동을 하고 몸은 관성 때문에 계속 직선운동을 하려고 하니까 몸이 바깥으로 기울어지는 거야. 어떻게 저걸 모르냐?"

"내가 왜 몰라? 지금 연출이 웃기다고 말한 거잖아."

"그러니까 저런 연출 하나하나에도 다 과학의 원리가 숨어 있다고. 드라마 하나를 보더라도 남자 배우 얼굴만 보지 말고 생각도 좀 하면서 봐라. 그러니까 네 과학 성적이 그 모양이지."

나는 어이가 없어서 입만 딱 벌리고 있을 뿐이었다. 지금 드라마 보다가 웃는 사람을 잡고 대체 몇 가지 가르침을 내리신 거야? 평소 내 생활에 관심이 있는 것도 아니면서 훈계하고 잘난 척할 기회는 절대 놓치질 않는다.

아니, 애초에 오빠는 정말로 내가 관성력이 뭔지 모른다고 생각한 걸까? 왜 내가 드라마를 보면 아무 생각 없이 배우 얼굴만 본다고 생각하는 걸까? 처음부터 내가 웃은 이유가 궁금하기는 했던 걸까? 따지려면 할 말이 한두 가지가 아니지만 나는 아무 말도 하지 않는다. 어차피 대화가 되지 않기 때문이다.

내가 반박을 하면 오빠는 내가 말을 못 알아들어서 그런다고 생각하고 더 길게 설명을 할 뿐이다. 내가 웃은 이유를 자기가 헛짚었을 수도 있다는 생각은 결코 오빠의 머릿속에 떠오르지 않는다. 직접 '헛짚었다'고 말해 줘도 오빠는 내 생각이 잘못된 이유를 설명할 것이다. 지금 내 과학 성적보다 오빠 국어 성적을 걱정해야 하는 것 아닌가?

어릴 때는 안 그랬던 것 같은데 언젠가부터 오빠는 항상 이런 식이다. 내가 무슨 말을 하면 전체 내용에는 상관없이 단어 한두 개를 붙잡고 거기에 대해 자기가 아는 것을 무작정 늘어놓기 시작한다. 마치 말하는 법을 그것밖에 모르는 것 같다.

하긴 오빠만 그런 것도 아니다. 아빠도 그렇고, 같은 반 남자애들이나 선배들도 그렇다. 설명 아니면 설교. 남자들은 그 두 가지를 빼면 이야기가 진행되지 않는다. 드라마나 광고를 봐도 뭘 모르고 실수하는 여자 주인공에게 침착하게 해결책을 가르쳐 주는 남자들이 우글우글하다.

학교에서도 사정은 마찬가지다. 오늘도 현태의 '그래도 그 선수가 옛날에는'이 시작되었다

"너무 욕하지 마. 그래도 전에는 얼마나 잘나가는 선발이었는지 알아?"

"누가 그걸 몰라?"

나는 화가 나서 가슴을 두드렸다. 우철이와 내가 응원하는 프로야구팀은 요새 순위가 죽죽 떨어지는 중이다. 어제는 오랜만에 이기고 있어서 기대를 했는데 8회에 마무리로 나온 투수가 쾅쾅 얻어맞아서 역전패를 당하고 말았다. 평소 침착한 우철이가 톡방을 욕으로 도배할 정도였다. 학교에 와서도 매점에서 우철이를 만나 욕을 하고 있는데 현태가 끼어든 것이다.

"원래 점수 지키기가 더 어려운 거야. 그래도 마무리 전향하고 첫해에 방어율 4점대면……."

"야, 그건 몇 달 전 얘기고 지금은 6.88인가 그렇거든!"

"얼~ 김연수, 너 방어율도 알아?"

안 그래도 열이 나 있는데 아주 불을 지른다. 뭐라고 하려는데 우철이가 먼저 말했다.

"야, 연수는 초등학교 때부터 야구 봤거든. 모를 리가 있냐?"

"오래 봤다고 다 아냐?"

"너보다는 잘 알거든!"

"내가 봐도 연수가 더 잘 안다. 얘는 경기 보고 얘기하는 거고, 너는 인터넷에서 읽은 거 이야기하는 거잖아. 그리고 너 인마, 우리 지금 심기 안 좋아. 블론 당한 야구팬 앞에서 까불다가 큰일 나는 수가 있어."

농담 섞은 우철이의 협박에 현태는 순순히 물러갔다. 나는 한숨을 쉬었다.

"아, 드라마를 봐도 선생이 붙고 야구를 봐도 선생이 붙고, 이러다 서울대 가겠네."

우철이가 나를 보았다.

"응? 무슨 소리야?"

"내 주변 남자들 말이야. 나한테 뭘 못 가르쳐서 죽은 귀신이 붙었나 봐. 그저께는 드라마 보는데 오빠가 옆에 와서 관성의 법칙을 가르치더니 오늘은 한현태가 나한테 방어율이 뭔지 가르치네."

"관성의 법칙? 그거 초딩도 아는 거 아니었나?"

"그러니까 말이야. 왜 다들 내가 모를 거라고 생각하는지, 정말 수수께끼다."

"흠. 현태 경우는 야구 보는 여자가 흔하지 않아서 그런 거 아닐까?"

"한현태는 내가 야구 보는 거 알아. 다 안다고 말을 해도 매번 와서 저런다고. 그리고 현태만 그런 것도, 야구만 그런 것도 아니야! 공부든, 게임이든, 세상 사는 법이든, 아무거나 다 가르치려고 드는 남자들이 한둘이 아니라고."

"음…… 확실히 내 주변에도 그런 애들이 많긴 하다. 남자가 설명을 하고 여자애가 잘 들어주면 그게 폼 나는 거라고 생각하는 거 같아."

"폼은커녕 엄청 구려 보인다."

"그래도 그것도 의사소통 방식의 하나 아닐까? 좋은 점도 있잖아. 모르는 걸 배울 수도 있고."

"아니야. 하나도 안 좋아!"

나는 무심코 언성을 높이고 말았다. 우철이가 놀란 토끼눈을 했다.

"미안, 너한테 화낸 거 아니야. 근데 있잖아. 가끔 도움 되는 얘길 들을 때가 있다고 해도 절대 그게 의사소통은 아니야."

"어? 어째서?"

"왜냐하면 남자들이 우리한테 설명을 할 땐 이미 안다고 말을 해도 도무지 듣질 않거든. 한현태나 우리 오빠처럼."

우철이는 진지한 얼굴로 내 말을 듣고 있었다. 나는 이야기를 계속했다.

"모를까 봐 가르치는 거면 내가 뭘 알고 뭘 모르는지 알아야 잘 가르칠 수 있지 않겠어? 근데 설명하는 남자들은 내가 뭘 아는지, 뭘 알고 싶은지, 무슨 이야기를 하려고 하는지 아무 관심이 없어. 말해도 안 듣고. 심지어 자기도 잘 모르는 걸 아무렇게나 가르치려고 할 때도 있다고. 마치 내 말을 안 듣기 위해 가르치는 것 같아."

"그렇구나. 네 말대로 의사소통은 아니네."

우철이가 고개를 끄덕였다. 새삼 우철이처럼 '그렇구나'라고 말할 줄 아는 친구가 있다는 게 다행이란 생각이 들었다.

우철이는 평소 책 이야기 하길 좋아한다. 좋아하는 책 얘기를 하다 보면 줄줄 설명하는 것처럼 될 때도 있다. 하지만 우철이가 설명을 할 때는 재미있게 들을 수 있다. 다른 남자애들이 할 때처럼 답답하거나 화가 나지 않는다. 우철이는 말하는 틈틈이 내 이야기도 듣기 때문이다. 한마디로 대화가 된다.

우철이는 나한테 설명을 듣는 것을 무서워하지 않는다. 자기가 모르는 걸 내가 알면 큰일 나는 것처럼 굴지도 않는다. 생각해 보면 당연한 일인데, 왜 우리 오빠는 이걸 못 하는 걸까?

모르는 걸 가르쳐 주는 건
좋은 거 아냐?

'가르친다'라는 단어를 들으면 어떤 모습이 떠오르니?

선생님이 학생에게, 어른이 아이에게, 선배가 후배에게, 똑똑한 사람이 그렇지 않은 사람에게 가르치는 모습을 자연스럽게 떠올리게 되지. 우리는 가르치는 쪽이 위이고, 가르침을 받는 쪽이 아래라는 인상을 무의식중에 갖고 있어. "버릇없이 어른을 가르치려고 들어!"라는 말 들어 봤지? 가르치는 것은 윗사람만 하는 일이라는 생각이 담긴 말이야.

그래서 가르치는 행위에는 종종 관계에서 우위를 과시하고 권력을 확인하는 의미가 포함되곤 해. 연수네 오빠가 별것 아닌 설명을 하면서 굳이 "이 오빠가 가르쳐 줄게"라고 말하는 것도 그래서야. 나이가 위인 것, 남자인 것, 가르치는 사람인 것을 강조하면서 연수보다 위에 있음을 확인하는 거지.

물론 모르는 것을 가르치고 가르침 받는 것은 우리에게 꼭 필요한 일이야. 하지만 우리가 살면서 듣는 수많은 설명, 설교, 가르침에는 단순한 정보의 전달만이 아닌 다른 의도가 들어 있는 경우도 많다는 거야. 미디어에서, 우리 주위에서 남자가 설명하고 여자가 듣는 모습을 보게 되는 것은 남성들이 여성에 대해 우위를 유지하려고 애쓰기 때문이야.

그런데 선생님과 학생 사이라거나 아주 나이 차이가 많으면 모를까, 남자와 여자라는 것만으로는 누가 더 많이 아는지, 누가 가르칠 수 있는지 정할 수 없잖아? 설령 한두 가지를 잘 안다고 해도 세상 모든 것을 다 아는 것도 아니고 말이야.

그래서 가르침으로 우위를 차지하고 싶은 남성들은 잘 생각해 보지도 않고 "여자니까 이런 것을 잘 모를 거야", "여자는 정치나 경제에 관심이 없어", "여자들이 관심 갖는 주제는 시시한 것들이야"라고 단정하고 자기가 아는 것만 이야기하기도 해. 또 남자와 우위를 놓고 다투고 싶지 않은 여자들은 아예 처음부터 "정말요? 가르쳐 주세요!", "오빠가 해 주세요!" 하고 아랫사람 역할을 자처하기도 하지. 하지만 이래서는 그저 가르침을 위한 가르침이 계속될 뿐 의미 있는 정보를 나누기는 어려워.

그러면 자연스러운 가르침과 그렇지 않은 가르침을 어떻게 구분할까? 그건 우철이와 연수 오빠를 비교해 보면 알 수 있어. 상대방이 무슨 생각을 하는지에 관심을 갖고, 모르는 사람을 깔보거나 무시하지 않고, 굳이 누가 더 많이 아는지 재어 보려고 하지 않는 것. 생각이 다른 화제, 상대방이 잘 아는 화제에 대해서는 언제든 듣는 쪽이 되어 귀 기울일 수 있는 것. 이런 태도가 있으면 가르치는 것도 잘하고 배우는 것도 잘할 수 있어.

원래 가르쳐 준다는 것, 배운다는 것은 매우 중요한 나눔이야. 하지만 진정한 배움은 위아래와 상관없이 누구에게나 어디서나 일어날 수 있어. 어른이 아이에게 배우고, 교사가 학생에게 배울 수 있지. 반대로 나이가 많다고, 성별이 남자라고 저절로 가르칠 자격이 생기는 건 아닌 거야. 위아래를 나누지 않고 서로의 말에 귀 기울일 수 있으면 제일 좋겠지?

#맨스플레인

맨스플레인mansplain은 남자man와 설명하다explain를 결합하여 만든 단어로, 툭하면 설명을 늘어놓고 싶어하는 남자들의 습관을 꼬집는 말이다. 소설가 릴리 로스먼은 맨스플레인을 "흔히 남자가 여자에게, 설명을 듣는 사람이 설명을 하는 사람보다 많이 알고 있다는 사실을 무시하고 설명하는 것"으로 정의하였다.

여성주의자 리베카 솔닛이 『남자들은 자꾸 나를 가르치려 든다』(창비, 2015)에서 소개한 에피소드는 맨스플레인의 특성을 아주 선명하게 보여 준다. 솔닛은 어느 날 한 남성과 이야기를 나누다 자신이 사진작가 에드워드 마이브리지에 대해 책을 썼다고 말했다. 그러자 그 남성은 곧바로 솔닛의 말을 끊고 "올해 에드워드 마이브리지에 대한 중요한 신간이 나온 걸 아느냐"면서 솔닛이 쓴 바로 그 책에 대한 설명을 하기 시작한다. 심지어 주변 사람들이 "솔닛이 그 책의 저자다"라고 말해 줘도 설명을 계속했다는 것이다.

여성이 말한 내용에 대한 무시, 여성은 자신보다 무지하리라는 편견, 여성에게 자신의 앎을 드러내려는 욕망이 합쳐져서 맨스플레인을 불러온다.

맨스플레인은 겉보기엔 우스꽝스러울 뿐이지만 실제로는 여성에게 무척 유해하고 폭력적으로 작용한다. 설명하기만 하고 듣지 않으려는 남자들의 행태는 여성의 발언을 지우고 여성에게 침묵을 강요한다. 또한 앎은 남성적인 것으로, 무지는 여성적인 것으로 규정하며 성편견을 재생산한다. 만약 여성이 남성의 말에 동조하거나 침묵하지 않고 알고 있는 것을 드러내면 여성은 곧 대화에서 배제되거나 건방진 사람으로 전락하기 쉽다. 따라서 여성은 맨스플레인이 시작되면 알고 있는 주제에 대해서도 모르는 척 침묵하는 경향을 보인다. 즉 맨스플레인은 여성에게 발언하지 않을 것, 순종적인 태도를 보일 것을 강요하는 사회적 압력인 것이다.

'맨스플레인'이라는 단어는 여성의 발언을 지우는 구조의 실체를 직관적으로 폭로하면서 여성들에게 남성의 설명을 거부하고 발언권을 요구할 계기를 부여한다. 이 단어는 소개되는 동시에 여성들의 열광적인 호응을 받으며 활발하게 사용되고 있다. 『뉴욕타임즈』의 2010년 올해의 단어로 선정되었으며, 2014년에는 온라인 옥스퍼드 사전에도 등재되었다.

#차별에도 비용이 있다

"군대에 가는 것은 의무일까, 권리일까?"

FEMINIST

여자는 군대 안 가잖아!

"여자애들은 좋겠어요."

법정 시간, 국민의 의무에 대해 배우다 뜬금없이 튀어나온 말이다.

"왜?"

선생님이 묻자 남자애들이 소리쳤다.

"여자는 군대 안 가잖아요!!"

"안 가는 거냐? 못 가는 거지."

선영이가 받아쳤다. 하지만 남자애들은 이 주제에 대해서만은 절대 양보 못 하겠다는 듯 목소리를 높였다.

"안 가나 못 가나 똑같지. 누가 군대를 가고 싶어서 가냐?"

"어차피 너네들이 자원입대할 것도 아니면서."

"맨날 여자들이 차별받는다고 하는데 진짜 차별은 군대라고요!"

나도 모르게 말이 튀어나왔다.

"둘 다 차별받는 거 아니야?"

"어?"

반 아이들의 시선이 내게 쏠렸다. 둘 다 차별이란 말이 호기심을 끈 모양이다. 선생님도 내게 말해 보라는 제스처를 취했다.

"가기 싫은 군대를 억지로 가야 하는 건 내 생각에도 남자에 대한 차별 같은데, 그렇다고 군대 문제에서 여자가 차별을 안 받는 건 아닌 것 같아. 남자는 신체 건강하기만 하면 군인이 되는데 여자는 군인이 되려면 시험에 통과해서 군인이 될 능력이 있다는 걸 증명해야 하잖아. 여자는 원래 군인이 될 자격이 없다고 여기니까 그렇게 정한 거 아냐? 그것도 차별은 차별 같은데."

정재가 반박했다.

"말은 그럴듯하지만 실제 손해는 남자만 보잖아. 총 맞으면 죽는 건 남자나 여자나 똑같은데 지금 여자들은 국민의 의무는 다하지 않고 권리만 누리고 있잖아?"

선생님의 눈이 반짝였다.

"여러 가지 의미 있는 얘기들이 나오고 있네. 이번엔 선생님이 물어볼게. 군대에 가는 건 의무일까, 권리일까?"

"당연히 의무죠!"

"다시 질문. 군인이 되는 건 이익일까, 손해일까?"

"손해죠!"

남자애들이 이구동성으로 대답했다. 반면에 여자애들은 알쏭달쏭한 얼굴을 하고 있었다. 선생님이 다시 물었다.

"그런데 왜 옛날 귀족이나 양반 들은 손해만 나는 전쟁에 나갔을까?"

"그건…… 나라를 지키려고 그런 거죠. 노블리스 오블리제라는 말도 있잖아요."

정재가 대답했다. 하지만 아까보다 확신이 없는 말투였다.

"그런 훌륭한 귀족도 있었겠지. 임진왜란 때 의병장들처럼 말이야. 그런데 요즘처럼 평화로울 때는 실감하기 어렵겠지만, 옛날에는 군인이 된다는 건 엄청나게 이익이 되는 일이었어. 일단 군인은 무기를 가질 수 있지. 전쟁에 이기면 땅이나 돈을 가질 수도 있고 공을 세워서 단번에 신분상승을 할 기회도 있지. 그래서 옛날에는 아무나 군인이 되지 못하게 했어. 노비나 여성은 군역의 의무를 지지 않지만 대신 권력에 접근할 기회도 차단당한 거야. 멀리 갈 것 없이 6.25 전후만 해도 군인은 최고의 직업이었어. 남들이 다 굶을 때도 군인들은 먹을 것 걱정도 없고, 편의도 많이 누렸거든. 군인이 되는 것은 의무이기도 하지만 권리이기도 했던 거야."

선생님의 말에 생각이 많아졌는지 교실은 조용했다. 하지만 대부분의 남자애들은 한층 더 억울한 표정이 되었다.

"어쨌든 그건 다 옛날 일이잖아요. 우리한테는 무슨 이익이 있어요? 위험하고, 고생만 잔뜩 하고, 취직 준비도 못 하고. 옛날 남자들은 좋았을지 몰라도 이제는 남자들이 역차별 받는 세상이 된 것 아니에요?"

"정재 말대로 지금 남자들에게는 군대에 가는 것이 손해가 막심하지. 그런 손해를 가리켜서 '차별비용'이라고 해."

"차별비용이요?"

"차별비용은 선행하는 차별을 유지하기 위해서 치르는 비용이야. '남자는 강하고 여자는 연약하다', '나라를 지키거나 돈을 버는 것은 남자가 하는 일이다', 그동안 이렇게 차별을 하면서 여자들을 권력과 기회로부터 차단했지? 이것이 선행차별이야. 남자들은 권력과 이익을 독점하는 대신 전쟁이 났을 때 나가서 싸우고, 여자에게 돈이 없으니까 데이트할 때 돈을 다 내는 등 비용을 치르는 거야. 먼저 차별이 있고 그다음에 비용이 생기기 때문에 선행차별과 차별비용이라고 불러. 옛날에는 차별비용보다 선행차별의 이익이 훨씬 컸어. 그런데 시대 상황이 바뀌면서 비용은 그대로인데 이익은 줄어드는 분야가 생겼어. 군대가 대표적이지. 그래서 불만이 나오는 거야. 이것을 역차별이라고 부르는 사람도 있는데 그 말은 그다지 정확하지 않은 말이야. 선행차별의 이익이 줄어들었을 뿐 차별이 정말로 뒤집힌 것은 아니거든."

"그러면 남자들은 어떻게 해요? 앞으로도 계속 손해만 봐요?"

"차별을 없애면 되지. 차별이 사라지면 차별비용도 사라지지 않겠어?"

선생님은 아주 간단하다는 듯이 말했다. 아이들이 술렁거렸다.

"샘 말은 여자도 군대 가라는 거죠?"

"지금이라도 가라고 해요!"

"그래. 그렇게 해 보자. 그럼 무슨 치별을 없애야 여자가 남자와 똑같이 군대에 갈 수 있을까?"

현태가 고개를 갸웃거렸다.

"어…… 여자도 나라 지켜야 한다? 여자도 나라 지킬 수 있다? 이렇게 생각이 바뀌면 되겠죠?"

"그래. 또?"

"그게 다 아니에요?"

"글쎄? 좀 더 있지 않을까? 창의력을 더 발휘해 봐."

선생님이 부추겼다.

"여자와 남자가 똑같이 군인이 될 능력이 있다."

민선이가 말했다.

"그래. 또?"

"포 스타 절반을 여자가 하면 어때요? 합참의장이나 공군참모 총장 같은 거요."

신영이가 큰 소리로 말했다. 현태가 당황해 하며 반박했다.

"야. 그래도 그런 거는 능력을 봐서 뽑아야지."

이제는 반 모두가 다 알쏭달쏭한 얼굴을 하고 있었다. 솔직히 나도 잘 모르겠다.

왜 남자들만 군대에 가는 법이
생겼을까?

맞아. 군대는 생각만 해도 힘들고 싫어. 입대에서 제대까지의 시간은 무척 힘들고, 인생에서 가장 젊고 건강한 시절에 할 수 있는 도전과 배움을 포기하거나 미루게 만들지. 억울하고 원망스러운 마음이 드는 게 당연해.

그런데 애초에 왜 남자들만 군대에 가는 법이 생겼을까? 그런 법은 누가 정했을까? 그 법으로 정말 이익을 보는 것은 누구일까? 생각하다 보면 이게 그렇게 단순한 문제가 아니란 걸 알게 될 거야.

차별은 그 자체로 나쁘기도 하지만, 차별의 비용을 모두가 나눠서 치러야 한다는 점에서도 없어져야 해. "여자들은 항상 차별받는다고 하는데, 우린 남자라서 이익 본 것도 없고 오히려 손해가 더 많다!"고 말하는 남학생들이 많지? 남자들도 차별비용을 치르고 있기 때문에 그런 느낌이 드는 거야.

예를 들어 볼게. 남학생과 여학생이 데이트를 할 때 남학생이 더 비용을 많이 부담해야 할 것 같은 마음의 부담이 있지 않니? 돈을 내는 것이 남자답고 멋있는 일이라는 의식마저 있지. 이런 문화가 생긴 것은 이제까지 여성을 경제 활동에서 배제해 온 선행차별 때문이야.

그런데 남학생이나 여학생이나 용돈을 받아서 쓰는 건 똑같고, 요즘은 신입사원 월급도 남녀가 비슷하지. 그러면 왜 차별로 이익을 보지도 않는 남학생이 차별의 비용을 치러야 하지? 남학생 입장에서는 억울한 기분이 들 거야. '역차별'이라는 말이 생긴 것도 그 때문이지.

문제는 여전히 선행차별이 남아 있다는 거야. 더구나 차별로 이익을 보고 있는 사람들은 따로 있어. 남자라는 이유만으로 여자 경쟁자를 따돌리고 높은 직급에서 많은 월급을 받는 사람들, 남자들로만 이뤄진 군대에서 높은 자리에 올라간 사람들. 이런 사람들은 아주 큰 이익을 보고 있거든. 이들은 차별이 있어야 이익이니까 계속 차별을 유지하려고 노력해. "그래도 중요한 일은 남자가 잘한다", "여자는 감정적이라서 리더는 못 한다", "군대는 남자의 일이다" 이런 편견을 퍼뜨리면서 말이야.

그로 인한 피해와 비용은 여자들, 일반 병사로 군대에 가는 사람들, 적은 월급을 받고 일하는 남녀 노동자들에게 고스란히 돌아가고 있어. 성차별을 없애는 건 결국 남녀 모두에게 도움이 된다는 걸 기억해 줬으면 해.

#유리천장

충분한 능력과 자격을 갖추었음에도 여성들의 출세나 승진이 가로막히는 상황을 표현하는 말이다. '눈에 보이지는 않지만 결코 깨뜨릴 수 없는 장벽'이라는 의미로 유리천장glass ceiling이라는 이름이 붙었다. 쉽게 눈에 드러나지는 않지만 분명히 존재하는 차별을 비유하고 있다.

유리천장 때문에 여성들은 남성들보다 높은 지위를 차지하기 어려운 것은 물론이고 정규직 채용에서부터 어려움을 겪는다. 영국의 시사 주간지 『이코노미스트』는 한국을 경제협력개발기구OEC 회원국 가운데 '유리천장'이 가장 심한 국가 중 하나로 평가했다. 2017년 세계 여성의 날을 맞아 내놓은 '유리천장 지수glass-ceiling index'에서 한국은 OECD 29개 회원국 가운데 최하위를 기록했다. 지수가 낮을수록 직장 내 여성 차별이 심하다는 뜻이다. 이 지수는 직장 내에서 여성의 고등 교육, 경제 활동 참여율, 임금, 양육비용, 여성과 남성의 육아휴직 등의 권리, 경영대학원 신청자 수, 간부직 내 여성 비율 등 10개 항목을 가중 평균해 산출되는데 한국과 일본, 터키가 20점대로 하위 3위권에 자리했다. 이들 3개국의 의회 내 여성의원 비중은 약 15퍼센트에 그치고, 기업 간부직급과 이사회에서 여성 비중도 평균을 밑돈다. 한국은 여성 임원이 2퍼센트에 불과하다고 소개되었다. 반대로 아이슬란드, 스웨덴, 노르웨이, 핀란드 등 북유럽 4개국이 80점 안팎으로 1∼3위를 차지했다. 이들 4개국에선 여성이 경제 활동 참여율에서 남성보다 높고 이사회의 30~40퍼센트를 차지한다.

오늘날에는 직장에서의 보이지 않는 여성차별 뿐 아니라 소수민족, 이민자 등에 대한 차별적 상황에까지 이 용어를 확대하여 사용하고 있다.

#엄마가 소녀였을 때

"엄마! 엄마는 어릴 때 꿈이 뭐였어?"
"어릴 때 꿈? 잘 기억이 안 나는데."

여자라고 포기하지 마

엄마는 내가 어릴 때부터 종종 이런 말씀을 하셨다.

"여자라고 포기하지 마."

"여자라고 달리기 못하는 거 아니야."

"여자라고 수학 못하는 거 아니야."

"여자라고 남자친구들이랑 놀지 못하는 거 아니야."

사실 그땐 아무 생각이 없었다. 여자라서 불편하다고 느낀 적도 별로 없었다. 남자애들과 우리가 노는 장소도 노는 방법도 다르다는 것은 알고 있었지만 크게 문제라고 생각하진 않았다. 어떻게 놀든 노는 것은 재미있었으니까.

하지만 중학생이 되고 나서부터, 어쩌면 여자여서 포기해야 하는 것들이 있을지도 모르겠다는 생각이 들기 시작했다.

학교에서 제일 많이 만나는 어른인 선생님은 대부분 여자다. 때로는 선생님이 수업 시간에 평소의 삶을 이야기하실 때가 있다. 아침부터 오후까지 우리를 가르치느라 바쁜 선생님이지만 교문 밖을 나가면 선생님도 엄마의 삶이 시작된다는 걸 그때 알았다. 퇴근길에 장을 봐서 밥을 하고 아이들을 챙기고 주말은 청소, 빨래에 가족들 뒤치다꺼리로 바쁜 일상. 선생님도 우리 엄마와 별반 다르지 않았다.

그런데 남자 선생님은 집안일이나 육아 이야기를 하는 법이 별로 없다. 어린이날이나 명절, 방학 같은 때 아이들과 놀아 주는 게 힘들었다는 이야기를 하는 정도다. 물론 가사에 적극적으로 동참하고 그 이야기를 해 주시는 남자 선생님들도 있지만 대부분의 남자 선생님은 가족이나 집안일 이야기보다는 운동, 인간관계에 대한 이야기를 더 많이 하신다. 같은 일을 하는데 성별이 다르니 사는 모습도 다르다고 생각했다.

한때 나는 집을 짓는 건축가가 되고 싶었다. 그 말을 할 때마다 아빠는 여자에게 안 어울리는 직업이라 말했다. 왜냐고 물으면 돌아오는 대답은 늘 한결같았다.

"남자들 틈에서 어떻게 버티려고 그래? 공사장 따라다니고 남자 인부들이랑 일해야 하는데 힘들어서 여자들은 못 해!"

아빠의 말은 나를 망설이게 했고, 나는 결국 건축과 상관없는 문과 계열을 선택했다. 그럼 뭘 할 수 있을까? 나는 고민해 보았다. 교사, 기자, 회사원…… 하지만 내가 상상하는 미래의 내 모습은 어째서인지 항상 이십 대까지다. 서른 이후, 결혼 이후를 상상해 보기란 쉽지 않다.

"엄마! 엄마는 어릴 때 꿈이 뭐였어?"

나는 빨래를 개는 엄마 옆에 가서 털썩 주저앉으며 말을 시켰다.

"어릴 때 꿈? 잘 기억이 안 나는데."

"에이. 그게 뭐야?"

"있었겠지. 근데 계속 꿈을 꿀 수가 없어서 잊은 것 같아. 엄마는 생물 좋아했거든. 그래서 자연과학대 가고 싶었는데 할아버지가 반대하셨어."

"왜?"

"여자가 그런 데 나와서 뭐 하냐고. 남자들이랑 학교 같이 다니는 것도 싫으셨겠지."

"에이, 우리 아빠랑 하는 소리가 똑같네. 그때나 지금이나……."

"그러네."

"근데 왜 엄마도 아빠가 나한테 건축 같은 건 여자가 하는 거 아니라고 말했을 때 그냥 듣고만 있었어?"

"아빠 말도 맞으니까. 엄마도 살아 보니까 그런 거 같더라구."

"뭐? 좀 억울하잖아!!"

"한창 공부하고 취직했다고 쳐. 그런데 결혼해서 아이가 생겼어. 그 몸을 해서 공사장 같은 데 다니고 밤새 작업하고…… 할 수 있겠어? 그런 일을 하는 여자들이 많지 않은 데는 다 이유가 있는 거야."

"헐, 뭐야! 맨날 여자라고 포기하지 말라더니!"

내 항의에 잠시 빨래를 개던 엄마의 손이 멈췄다. 엄마가 쓸쓸한 얼굴로 말했다.

"그건 네가 학생이니까 그렇지. 학생 때는 그래도 남자 여자 구별이 덜하잖아. 지금 하고 싶은 걸 마음껏 해야지. 나중 가면 하고 싶어도 못 하는 게 많은데."

"지금 학교에서도 여자라서 불편한 거, 못 하는 거가 얼마나 많은데. 어른 되면 더 많아진단 말이야?"

"현실적으로 그렇지. 특히 결혼하고 애 낳고 하다 보면."

"그럼 열심히 공부할 이유도 없는 거 아니야? 하고 싶은 것도 못할 거면."

"공부는 해야지. 누가 직장도 없는 애랑 결혼하겠어."

"그럼 결혼하려고 대학 가라는 거야?"

"누가 그게 다라고 했니? 그런 부분도 생각을 하라는 거지. 이제 슬슬 현실적인 것도 생각해야 하잖아."

"와, 언제는 여자도 뭐든지 할 수 있는 세상 됐으니까 열심히만 하라고 하더니 완전 사기 당했네, 사기."

나는 한숨을 푹푹 쉬었다.

"엄마, 만약에 내가 결혼도 안 하고 애도 안 낳으면, 내가 하고 싶은 거 하면서 살 수 있을까?"

"글쎄. 그렇게 사는 건 그거대로 힘든 일이 많지 않을까? 결혼 안 할 거야?"

"몰라. 결혼해서 좋은 게 없는 거 같은데?"

"결혼해서 아이를 키우는 일도 중요한 일이고 행복한 일이야."

"엄마는 행복해?"

엄마는 잠시 대답을 망설였다.

"행복할 때도 많지."

"아닐 때도 많다는 말이네. 내가 봐도 엄마는 너무 참기만 하고 사는 거 같아."

"엄마는 너희를 위해서 한 일들, 다 보람 있고 행복하게 생각해. 다만…… 네 아빠가 남의 일처럼 굴 때는 좀 속상하지. 당연히 여자가 해야 하는 일처럼 여기는 것."

"맞아. 아빠 그럴 때 정말 화나."

엄마가 미소를 지었다.

"우리 딸 다 컸네. 엄마랑 이런 얘기도 하고……. 기특하기도 하고 엄마가 늙은 거 같아서 서운하기도 하고 그러네. 이렇게 같이 지낼 날도 얼마 안 남았나 보다."

"왜 그래? 나는 엄마랑 같이 늙을 거야."

"그래, 두고 보자."

석양이 거실 창을 통해 들어오는 오후에 부엌에는 밥이 익어가는 구수한 향이 나고 엄마와 나는 거실에 앉아 수건을 개고 바지를 접으며 이야기를 나누었다. 지금 우리 집 두 남자는 어디서 무엇을 하고 있을까?

여자라서 포기하는 게 있어?

아직 청소년일 시절에는 실감하는 게 쉽지 않지. 남학생과 여학생의 삶이 그렇게까지 다르지 않으니까. 공부나 대회에서 남학생을 척척 앞지르는 여학생들을 보면서 "이제 여자들 시대가 왔네!"라는 말을 하는 사람도 많아.

그런데 20살, 30살, 40살이 된 후에 남자와 여자의 삶은 어떨까? 당장 주위를 둘러봐도 많이 다르다는 걸 느낄 수 있을 거야. 어디든 높은 자리로 갈수록 남자가 많아지지. 출산과 육아 때문에 경쟁에서 밀리고 편견에서 밀리고.

이런 제한 때문에 여성들은 꿈을 꿀 때부터 제약을 받곤 해. 하고 싶은 일, 미래의 모습을 떠올려 볼 때에도 능력과는 무관하게 여자여도 할 수 있는 일인지, 남들 눈에는 어떻게 보이는지 걱정해야 하지. 물론 남자들도 "그런 일을 남자가 어떻게 하니?"라는 말을 듣기도 하지만 '그런 일'은 여자들이나 하는 일이라는 뜻이겠지. 상황이 꽤 달라.

사실 누구나 꿈을 꾸고 성공할 수 있는 건 아니야. 돈이 없어서, 자신감이 없어서, 목표에 비해 능력이 없어서 원하는 걸 찾지 못해서……. 많은 이유로 사람들이 꿈을 잊거나 포기하곤 하지. 여자들은 그것들을 똑같이 겪으면서 여기에 '여자라서'라는 어려움이 하나 더 붙는 거야. 그리고 그 어려움은 우리가 상상하는 것보다 큰 경우가 많아. '꿈꿀 자유'를 갖는 것부터가 싸움의 시작인 셈이지.

FEMINIST

#남녀동수법

제1조, 인간은 자유롭고 평등한 권리를 지니고 태어나 살아간다. 사회적 차별은 오로지 공공 이익에 근거할 경우에만 허용될 수 있다.

제3조, 모든 주권의 원리는 본질적으로 국민에게 있다. 어떤 단체나 개인도 국민으로부터 직접 나오지 않는 어떤 권력도 행사할 수 없다.

1789년 8월 26일, 프랑스혁명이 한창 진행 중이던 시절 프랑스 국민의회가 국민으로서 누려야 할 권리에 대해 '인간과 시민의 권리 선언'으로 선포한 「프랑스 인권 선언」의 일부다. 선언문의 내용만 본다면 프랑스의 여성은 자유롭고 평등할 것 같다. 하지만 프랑스는 유럽에서 매우 뒤늦은 1944년에서야 겨우 여성이 참정권을 획득한 나라다. 남성 시민 계급은 1789년, 유대인 남성이 1792년, 흑인 남성 노예들이 1794년에 참정권을 획득한 것에 비해 프랑스에서 여성은 매우 오랫동안 사회적 차별을 받았다. 위 선언문에 언급된 '인간'이나 '국민'에 아주 오랫동안 여성은 포함되지 못했다.

프랑스의 여성운동가 클로드 세르방-슈레베르는 1992년 『여성 시민들이여, 권력을 가져라!』에서 여성이 참정권을 가지게 되었어도 여성의 삶이 달라지지 않았음을 지적하며 그 원인을 여성 정치인의 비율에서 찾았다. 당시 프랑스 의회의 여성의원은 전체의 3~6퍼센트에 불과했다. 투표만 할 것이 아니라 여성이 직접 정치가가 되어 정책 결정에 참여해야 한다는 것이 이들의 주장이었다.

세르방-슈레베르와 동료들은 이러한 분석을 바탕으로 남녀동수 운동을 주도하였고, 이는 2001년 '남녀동수법' 제정으로 이어졌다. 이 법안에 따라 각 정당은 선거 후보로 내세울 추천인 명부에서 남녀의 수를 같게 해야 한다. 하원의원 선거, 선거구 내 5명 이상을 뽑는 상원의원, 지역 의회, 시 의회, 유럽 의회 선거에서는 정당이 남녀를 같은 수로 공천하여야 하며 이를 지키지 않을 경우 당에 대한 국고 지원을 삭감한다.

그렇지만 처음에 이 법안은 정치권에서 남성의 독점을 막는 데 큰 역할을 하지 못했다. 정당들이 벌금을 내는 편을 감수하기도 했고, 추천인의 남녀 수를 같게 맞출 뿐 실제로 공천은 남자들이 받았기 때문이다. 이 법안이 통과되고 10여 년이 흐른 2012년, 내각 각료의 비율을 같게 하겠다는 공약으로 당선된 올랑드 정부가 들어서면서 드디어 남녀 각각 17명씩 남녀 동수인 내각이 구성되었다.

참고로 2018년 기준, 우리나라 여성 국회의원의 비율은 26.7퍼센트, 17명인 광역단체장 중 여성은 0명, 266명인 기초단체장 중 여성은 9명이다.

#그건 멋진 게 아니다

누가 이런 생각을 품게 했을까? 왜 우리가 안 된다는데, 싫다는데, 하지 말라는데도 그 말을 괜찮다는 것으로, 나도 원하고 있다는 뜻으로 받아들이게 만들었을까?

안 돼요, 싫어요, 하지 마세요!

"여자친구가 안 된다고 했어. 그럼 어떻게 해야 할까?"

"그건 그냥 튕기는 거예요. 타이밍 봐서 밀어붙여야죠."

"'싫어!'는?"

"한 번 더 튕기는 거죠!"

"그래? 그럼, '하지 마'는?"

"마지막으로 한 번 더 튕기는 거죠!"

"그러면 그다음엔 어떻게 할 건데."

"에이, 아시면서!!"

"아니, 모르는데."

"왜 있잖아요. 키스나 뭐 그보다 더한 거?"

"그럼 너는 잡혀가겠네. 성추행이나 성폭행으로."

오늘 보건 시간에 선생님과 아이들이 나눈 대화다.

우리는 초딩 때부터 성교육을 받았다. 여자아이들은 항상 "똑바로 거절해야 한다"고 당부를 받았다. 마지막은 언제나 이렇게 끝났다. "안 돼요! 싫어요! 하지 마세요!" 말하기.

하지만 남자아이들의 이런 말을 듣다 보면 그게 다 무슨 소용인가 싶다. 우리의 "안 돼"는 말 그대로가 아니라 다른 식으로 해석된다. 누가 이런 생각을 품게 했을까? 왜 우리가 안 된다는데, 싫다는데, 하지 말라는데도 그 말을 괜찮다는 것으로, 나도 원하고 있다는 뜻으로 받아들이게 만들었을까?

"샘! 무조건 성추행이라고 할 수 있어요? 좋은데 부끄러워서 그런 것일 수도 있잖아요!"

현태의 해명인지 질문인지 알기 어려운 말이다. 선생님이 물었다.

"그럼, 좋은데 왜 부끄럽게 여겨야 하지? 남자아이들은 여자아이들이랑 있었던 일 자랑처럼 얘기하면서 왜 여자아이들은 그런 일을 부끄러워해야 해?"

"에이, 여자애들이 그런 거 밝히면 누가 좋아해요?"

"응?"

"누가 그런 여자애를 좋아하냐고요?"

교실에 지글지글 타고 있는 여자아이들이 안 보이는지 지호가 기름을 부었다.

"그런 여자애들이란 게 무슨 소리야?"

"있잖아. 밝히는 애들 같은 거."

"남자와 여자가 같이 좋은 거지, 왜 남자는 좋아해도 되고 여자는 좋아하면 밝힌다고 욕을 먹어야 돼?"

민선이의 말에 현수가 빈정거리듯 말했다.

"그래. 너네는 좋으면 좋다고 해! 요즘은 그런 여자가 인기래!"

"야!"

교실이 난장판이 되기 직전이었다. 이대호 선생님이 수습에 나섰다.

"아까 누가 말한 거 같은데, 사실 남자나 여자나 좋은 건 좋은 거야. 성욕은 누구나 다 있는 거지. 하지만 남자는 그걸 자랑처럼 떠벌려야 더 남자답고, 여자는 그걸 숨겨야만 더 여성적인 것으로 인정되는 분위기가 있어. 지금 우리 대화만 봐도 알 수 있지? 이런 일은 왜 생겨났을까?"

선생님의 말에 수지가 대답한다.

"드라마 같은 데서 자꾸 그렇게 만들어요."

"구체적으로?"

"드라마나 영화 같은 거 보면 여자를 벽으로 밀어 키스하거나 갑자기 찾아와서 의사도 묻지 않고 차로 끌고 가는 장면들 있잖아요. 싫다는 여자를 못 가게 붙잡는다든지, 화를 내고 있는 여자의 입을 자신의 입술로 막는 장면이라든지. 그런데 마지막에 보면 여자는 꼭 눈 감고 남자랑 키스해요. 앞에 나온 강제적 행동들이 사실은 좋았던 것처럼요."

"그래, 수지 말처럼 우리는 폭력적인 장면을 보면서도 그걸 폭력으로 인식하지 못하지. 그런 장면의 끝이 대부분 화해와 사랑의 장면으로 끝나니까. 물론 드라마나 영화가 전부는 아니겠지만 너희들이 쉽게 자주 접하니까 당연히 영향을 받을 수밖에."

이때 민선이가 묻는다.

"안 된다고 했고, 싫다고 했고, 하지 말라고 했으면 그건 거절이잖아요. 상대방의 의사를 존중해 주어야 하는 거 아니에요?"

"그렇지만 뭐 남자는 짐승이라고…… 하하하."

현태가 2차로 기름을 들이부었다. 결국 나도 못 참고 한마디 하고 말았다.

"그건 짐승만도 못한 거지! 강아지도 주인이 하지 말라고 하면 안 하는데!"

반은 또 와글와글 시끄러워졌다. 이대호 선생님이 분위기를 가라앉히고 답했다.

"사실 정말로 성폭행이 벌어질 때는 거절의 말이 힘을 갖지 못하는 경우가 많아. 상대방이 무시할 수도 있고, 도망치기 어려운 공간에 끌려가 있을 수도 있잖아. 그래서 예전 성교육 시간에 배운 '싫어요. 안 돼요. 하지 마세요'는 실제로 도움도 안 되면서 사건이 생겼을 때 '왜 거절하지 않았어?'라며 여성을 비난하는 데만 쓰이고 있는 실정이지."

"그럼 어떻게 해요? 여자의 거절은 소용이 없어요?"

"성범죄는 당하는 입장에서 미리 막을 수 있는 일은 아니야. 확실하게 처벌을 하면서 문화를 바꿔야지. 거절은 범죄 상황에서 쓰이는 게 아니라 서로 사랑하는 연인들 사이, 이제 조금씩 서로를 알아가는 사이에서 쓰여야지. 오늘 본 것처럼 여자들은 상당히 모순적인 상황에 처해 있어. 좋다고 하면 밝히는 사람 취급을 받고, 거절하면 속마음은 그렇지 않을 거라고 부정을 당하지. 이런 문화는 성적인 문제에 있어서 여자의 결정권을 뺏고 남자가 모든 것을 다 결정하게 하기 위한 장치야. 성관계 전에 서로의 의사를 확인하는 것을 부끄럽다거나 분위기 깨는 거라고 하는 것도 마찬가지고."

이대호 선생님은 우리들과 눈을 맞추며 힘 있게 말했다.

"이런 문화를 어떻게 없애 가면 좋을까? 우리들 스스로 이런 표현을 어색하게 여기지 말고, 편안하게 말하고 받아들이는 게 중요해. 특히 말없이 밀어붙이는 것은 로맨틱한 게 아니라 폭력적인 거다. 남자도 여자도 모두 명심해!"

여자의 언어는
왜 이렇게 복잡한 거야?

여자의 언어가 복잡한 게 아니야. 생각을 표현하면 안 된다고 훈련받았기 때문에 언어가 제 역할을 하지 못하고 있는 거야.

어릴 때부터 여자는 성에 대한 호기심을 가져서도 안 되고, 드러내서도 안 된다고 배웠지. "여자들이 밝히면 매력 없어" 같은 말, "여자애가 부끄럽지도 않니?"와 같은 말들은 여자들이 자연스러운 호기심을 억누르고 숨기도록 강요해. 반면 남자들의 성욕, 성적 호기심은 너그럽게 이해되거나 오히려 권장되곤 하지. '진짜 남자가 되는 과정' 정도로 받아들여지거든.

그래서 여자는 좋아도 싫은 척해야 한다, 남자는 무조건 저돌적으로 밀어붙여야 한다는 잘못된 믿음이 퍼져 있어. 이것은 서로의 소통을 참 어렵게 만들지.

하지만 남자든 여자든 마음을 솔직하게 말하고 물어보는 일은 잘못된 것이 아니야. 오히려 꼭 필요한 일이지. 예를 들자면, "키스해도 되겠니?" 하고 물어보는 것.

물어보는 일이 남자답지 않다고 생각하는 이들도 있을 거야. 상대방의 동의를 구하는 일이 쑥스럽고, 거절이 두려울 수도 있어. 하지만 서로 정말 좋아하고 상대를 존중하고 있다면 이런 질문은 전혀 어색하지 않아. 오히려 더욱 솔직하고 신뢰할 수 있는 관계를 만들지.

특히 중요한 것은 거절을 있는 그대로 받아들이는 거야. "널 좋아하지만 지금은 성적인 행동을 원하지 않아" 같은 거절도 있을 수 있고 "너를 안 좋아해"라는 거절도 있을 수 있어. 어느 쪽이나 자연스럽게 일어나는 일이고, 그냥 받아들이면 끝나는 일이지만 지금 같은 문화에서는 이것이 쉽지 않을 수 있지.

거절을 받아들이기 위해서는 상대방을 존중하는 것은 물론이고 자기 자신에 대한 존중도 필요해.

"거절당하는 것은 부끄럽고 자존심 상하는 일이다", "나의 가치를 인정받지 못한 것이다" 이렇게 생각하니까 거절을 당했을 때 화를 내거나 상대의 의사를 무시하는 일이 생겨. 하지만 거절을 당했다고 내 가치가 떨어지는 것은 아니야. 오히려 내 의사를 표현하고 남의 의사를 받아들일 수 있는 성숙한 사람이 되는 거야.

#여성의 권리 옹호

1792년에 발표된 『여성의 권리 옹호』는 최초의 페미니즘 도서로 통한다. 하지만 당시 이 책은 논란과 비난, 조롱의 대상이었다. 이 책의 지은이는 『프랑켄슈타인』의 저자 메리 셸리의 어머니인 메리 울스톤크래프트다. 안타깝게도 그녀는 메리 셸리를 낳고 산욕열로 사망했다. 하지만 그녀가 남긴 『여성의 권리 옹호』는 이후 오랫동안 많은 여성들을 일깨웠다.

그녀가 살았던 18세기 유럽은 계몽주의 물결이 넘쳐났고 1789년 프랑스 혁명으로 인권에 대한 관심이 치솟던 시기였다. 왕과 귀족에게 억압받던 민중들은 인간의 권리와 평등을 외치는 지식인들의 목소리에 환호했다. 하지만 이때의 인간 속엔 여성이 없었다. 여성은 남성의 소유물로서 남성에게 순종해야 했고 여성에게 여성스러움을 가르치는 교육을 당연시 여겼다. 이 시기에 여성이 정치적·경제적 권리를 외친다는 것은 무모한 도전 이전에 이해되기조차 힘든 이야기였다.

『여성의 권리 옹호』는 장자크 루소가 "열등한 이성을 지닌 여성이 남성에게 종속되는 것이 곧 자연법"이라고 말한 것에 대한 반박이다. 메리 울스턴크래프트는 루소의 주장에 대해 "여성도 남성과 동등한 이성을 갖고 있으며, 여성이 복종해야 할 대상은 아버지나 남성이 아니라 인간 고유의 이성"이라고 말했다. 동시에 여성 스스로도 불합리한 사회를 개선하기 위해 교육받고 자신의 권리를 찾기 위해 노력해야 한다고 주장했다.

　이 책은 남성의 소유물로서의 여성의 삶이 당연하게 여겨지던 시절, 여성의 정치적·경제적 권리가 전혀 없던 때에 처음으로 여성의 권리와 인간으로서의 평등을 주장하는 매우 획기적인 내용이었지만 당시로서는 환영받지 못할 책이기도 했다. 당시 사람들에겐 여성이 동등한 인권을 가지고 있다는 것조차 도무지 이해하기 어려웠기 때문이다.

#보이는 것의 이면

세 보인다는 게 뭐지? 남자가 세 보이면 멋있고, 여자가 세 보이면 왜 기분이 나쁘다는 걸까?

FEMINIST

"요즘 티비는 볼 게 없어!"

아빠가 리모콘을 던지며 하는 말이다.

"왜? 요즘 재밌는 거 많이 하더만."

엄마의 말이다.

"어떤 거?"

"아빠들이 애기 돌보는 프로그램도 있고, 요리도 하고……."

"여자들 살기 좋은 세상이야. 하나같이 남자들이 집안일 하느라."

"그게 어때서? 요즘 시대가 어느 때인데 보기 좋기만 하구만."

"그래도 각자 할 일에 구분이 있는 게 좋은 거지. 그런 구분이 없어지니까 자꾸 남자가 여자한테 일자리 뺏기고, 취업 문제 심각해지고 하는 거 아니야."

나는 엄마, 아빠의 대화를 듣다가 중간에 슬쩍 끼어들었다.

"그게 뭐 잘못된 거야? 여자들이 남자 일자리를 뺏은 게 아니라 여자들도 원하면 일을 할 수 있게 된 거지. 여자들이 직장 안 다니고 살림하면 집에서 논다고 깔보면서, 취업하면 남자 일 뺏는다고 하는 건 너무하잖아. 아빠도 딸이 취직 안 하고 놀면 좋겠어?”

“놀긴 왜 노냐? 적당한 곳에서 일하다가 시집 잘 가면 돼. 너 하나 먹여 살릴 수 없는 놈한테는 시집 안 보낸다.”

“왜 내가 남이 벌어 주는 돈으로 살아야 하는데?”

평소 같으면 벌써 중재에 나섰을 엄마가 툭 말했다.

“그래, 너는 나중에 결혼해도 직장 그만두지 말고 일해. 어떻게 공부했는데, 아깝게.”

왠지 엄마가 나를 낳고 일을 그만두었을 때의 마음이 떠올라서 쉽게 말을 잇기 어렵다. 하지만 아빠는 아무 느낌도 없는 모양이다.

“그래도 이왕이면 능력 있는 남자 잡아서 집에서 애나 키우는 게 편하지. 여자가 직장 다녀 봤자 고생만 해.”

“편하다니 무슨 소리야? 육아에 집안일이 얼마나 힘들고 어려운 일인지 알아?”

“요즘 너, 자꾸 말대답하더라. 자꾸 직장, 직장 하는데, 공부만 잘하면 취직이 되는 줄 알아? 여자는 태도도 좋아야 돼.”

아빠는 귀찮다는 듯이 말하고 리모컨을 다시 집어 채널을 돌렸다. 텔레비전에는 소설가, 가수, 역사학자 등의 직업을 가진 아저씨 여러 명이 나와 이야기를 나누고 있다. 일상 이야기, 음식 이야기, 역사 이야기, 화제는 종횡무진 바뀐다. 그들은 때때로 웃었고, 때때로 심각했다. 아빠가 그걸 보며 말했다.

“세상에 저렇게 똑똑한 남자들이 많은데.”

엄마는 옆에서 혼잣말처럼 말한다.

"똑똑한 여자들도 많을 텐데 왜 남자들만 나온대……."

우리는 계속 아저씨들의 대화를 들었고, 언젠가는 쓰일지 모를 지식과 몰랐던 사실들을 알게 되었다.

프로그램이 끝나고 채널이 바뀌었다. 이번에는 여자들이 잔뜩 나오는 프로그램이다. 하지만 아까 본 남자들이 다양한 직업, 다양한 나이, 다양한 모습이었던 반면 지금 화면에 나오는 여자들은 하나같이 젊고 예쁘다. 아이돌 지망생들이 딱 붙는 치마에 높은 힐을 신고 아빠보다 나이가 많을 듯한 심사위원들 앞에서 춤을 추고 노래를 부르고 있다.

"13번, 이쁜데 노래는 별로네."

어느새 나온 오빠가 심사를 시작한다.

"21번은 안 되겠다. 너무 뚱뚱해."

"저게 뭐가 뚱뚱해? 그냥 보통이지."

"연예인이 저러면 뚱뚱한 거지. 관리도 안 하고 나오냐."

오빠는 자기가 심사위원인 것처럼 혀를 쯧쯧 차더니 덧붙인다.

"36번도 글렀다."

"쟤는 왜?"

"너무 세 보이잖아. 저런 캐릭터는 한둘이면 충분해."

"어이가 없네. 오빠가 심사위원이라도 돼?"

하지만 오빠의 예상은 그리 틀리지 않았다. 실력보다는 태도, 준비도 등을 언급하며 21번과 36번이 탈락했다. 오빠는 의기양양해하며 다시 '쯧쯧' 혀를 찬다.

"내가 뭐랬냐? 여자가 아이돌 하려면 최소한 몸매는 준비하고 나와야지."

"노래랑 춤을 보고 정해야지 그게 뭐야?"

나는 투덜대며 방으로 들어왔다.

핸드폰을 보니 그새 오디션 프로그램에 관한 기사가 떠 있었다. 기사 밑에는 댓글도 많았다.

> 21번 개뚱뚱.

> 21번 노양심임? 아이돌 된다면서⋯⋯.

> 36번 너무 세 보인다. 노래 좀 하면 뭐해?

> 요즘 센 여자 아이돌 너무 많지 않음? 재수 없게.

> 그런 콘셉트 잡은 애들 꼭 나중에 인성 논란 터짐.

이상하다는 생각이 들었다. 세 보이는 것도 개성 아닌가? 연예인이 개성 있으면 좋은 거 아닐까? 그리고 세 보인다는 건 뭐지? 남자가 세 보이면 멋있는 거고, 여자가 세 보이면 왜 기분이 나쁘다는 걸까?

생각을 거듭하며 나는 계속 여자 아이돌 기사들을 검색했다. 섹시와 노출 이야기가 대부분인 기사들 사이로 '태도 논란'이나 '인성 논란' 기사가 적지 않게 섞여 있다. 많은 여자 연예인들이 '센 태도'로 인해 비난을 받고 있었다. 건방지다, 말투가 싸가지 없다, 거만하다……. 질문을 받을 때 웃지 않아서 논란이 된 배우도 있다.

문득 아빠의 말이 떠오른다.

'공부만 잘하면 취직이 되는 줄 알아? 여자는 태도도 좋아야 돼.'

세 보이는 게 어때서?

남자 팬이 많은 여자 연예인의 팬덤 안에서는 이런 말을 종종 한다고 해.

"버릇 나빠지니까 조공해 주면 안 돼."

원래 조공은 종속국이 종주국에게 예를 갖추어 물건 따위를 바치는 것을 의미하는데 요즘은 연예인에게 선물 등을 주는 걸 조공이라 일컫기도 해. 당연히 조공의 횟수와 양은 인기에 비례하겠지. 팬클럽 멤버들이 다 같이 비용을 모아 스타의 생일이나 컴백을 축하해 주는 경우도 있지만 팬 사인회에 참석한 팬이 개인적으로 선물을 주는 일도 있어.

팬이 연예인에게 선물 주는 것은 흔한 일인데, 왜 어떤 남자 팬들은 선물을 주면 "버릇 나빠진다"고 말할까?

이 말에는 아이돌을 팬인 자신보다 낮춰 보는 심리가 들어 있어. 원래 아이돌은 선망의 대상이지만, 많은 남자 팬들은 여자 아이돌이 자신보다 더 높은 위치에 있는 것을 거부하곤 해. 아이돌이라면 사랑받는 것에 항상 감사하며 고분고분한 모습을 보이라고, 팬들에겐 항상 웃고 악수나 사인 같은 서비스를 거부하지 말라고 요구하지. 그리고 "팬들의 사랑으로 먹고사는데, 그 정도는 당연히 감수해야 하는 것"이라고 하더라고. 하지만 이상하게도 남자 팬들이 남자 연예인을 좋아할 때는 이런 모습을 보이지 않아. '존경한다', '인정한다', '멋있다'고 하면서 형님으로 떠받들지. 결국 이런 팬들은 여성 연예인의 노래와 춤, 연기만이 아니라 여성의 순종하는 모습을 소비하고 있기도 한 거야.

연예인은 대중의 사랑을 받고 사는 사람들이지만 대중의 아래에 있는 존재는 아니야. 그들은 자신들이 가지고 있는 재능, 끼를 표현하며 우리에게 행복감을 주는 이들이야. 우리가 좋아하는 것 역시 그들의 재능이지 '고분고분한 태도'는 아니어야 하지 않을까?

#블루스타킹·레드스타킹

'블루스타킹'은 1750년대 영국에서 시작된 모임이다. 작가 엘리자베스 몬터 규의 집에서 시작된 이 모임은 당시의 다른 여성 사교 모임들과는 달리 문학과 학술적인 내용에 대해 주로 이야기를 나누었다. 여성들의 배움이 유별난 취급을 받던 시기였던데다 이 모임의 회원들이 하인이나 하층 계급을 상징하는 색인 블루, 파란색 스타킹을 착용했기 때문에 '블루스타킹'은 여성 지식인을 비하하는 말로 사용되었다.

1969년 미국의 앨런 윌리스, 캐롤 허니쉬, 슐라미스 파이어스톤 등은 '블루스타킹'의 스타킹과 혁명을 상징하는 색인 레드를 결합해 급진적 페미니스트 집단 '레드스타킹'을 조직했다. 실제로 이들은 빨간 스타킹을 신고 시위에 참여하기도 했다. 이들은 1969년 7월 7일, 여성을 억압하는 모든 경제적·인종적·교육적·신분적 특권을 거부한다는 내용을 담은 선언문을 발표하는데 이는 남성 우월 문화에 근본적인 문제를 제기한 여성 인권 선언으로 평가받는다.

또한 레드스타킹 멤버들은 "개인적인 것이 정치적인 것이다"라는 당시의 페미니즘 정치 의제에 따라 한 여성의 문제는 개인의 문제가 아니라 정치적인 문제라는 논리를 펼치고 행동했다. 대표적인 사례가 '낙태 공개 발언'이다.

1969년 뉴욕 그리니치 거리에 모인 300여 명의 여성들은 "내가 바로 낙태한 여자다!"라는 말로 자신의 낙태 경험을 고백했다. 당시 대다수 주에서는 낙태가 불법이었고, 이것을 입 밖에 낸다는 것 자체가 수치스러운 일로 여겨졌다. 여성이 그것도 거리 한가운데에서 낙태에 대해 말한다는 것은 상상하기 어려운 일이었다. 말할 수 없는 것을 말함으로써 낙태가 더 이상 여성 개인의 문제나 숨겨야 할 것이 아님을 선언한 것이다. 이 일을 시작으로 여성의 낙태 합법화 운동은 더욱 선명하고 활발해졌다. 1973년 미국 연방대법원은 낙태를 허용하는 판결을 내렸고 이후 미국 여성은 임신 6개월까지 낙태 여부를 결정할 수 있는 헌법상의 권리를 갖게 되었다.

이들의 선언은 프랑스에도 영향을 미쳐 시몬 드 보부아르, 프랑수아즈 사강 등의 여성 지식인을 포함한 343명의 여성이 "나는 낙태했다"고 선언하는 '343선언'의 도화선이 되었다. 프랑스 여성들은 남성 정치인들의 비난과 매도, 구속, 갖은 탄압에도 굴하지 않고 권리 요구를 계속했으며, 결국 1975년 프랑스에서도 낙태가 합법화되었다. 시대를 계승하고 국경을 넘어서는 여성운동의 물결은 오늘도 세계 곳곳으로 이어지고 있다.

#모두 자기 하기 나름

문제가 있다는 걸 모르고 있다는 거. 그 말이 가진 의미에 대해 생각해 보지 않았다는 게 더 심각한 거 아니냐고. 나는 그럴 의도가 없었다고 한다고 해서 그 말이 담고 있는 뜻이 달라지는 건 아니잖아.

FEMINIST

남자는 여자 하기 나름?

'나쁜 페미니스트' 모임은 2주에 한 번, 정기적으로 만나고 있다. 우리는 페미니즘 도서 한 권을 정해 함께 읽고 있는 중이다. 만나서는 책을 읽으면서 느낀 점이나 추가로 공부해서 알게 된 점들을 나눈다. 이것과는 별개로 이대호 선생님이 내 주신 숙제는 이렇다.

"일상에서 아무렇지 않게 사용되는 말이나 행동 중에서 여성혐오나 성 불평등 사례를 찾아와 보세요."

나의 경우, 숙제 이전과 이후의 삶이 많이 달라졌다. 예전에 조금 기분 나빠도 원래 그러려니 하고 지나갔던 말들을 자꾸 되새겨보게 되었다. 또 기분 나쁘다에 멈추지 않고 왜 불쾌한지, 왜 이런 표현이 쓰이는지, 어떤 말로 바꾸어야 할지도 같이 생각하기 시작했다. 사례를 찾으려고 관심을 갖다 보니 우리가 일상에서 너무 많은 말과 상황을 모른 척했다는 것을 알게 되었다. 바로 오늘도 그런 일이 있었다.

생물 수업 시간이었다. 엎드려 자는 아이들, 슬쩍슬쩍 핸드폰을 하는 아이들이 유독 많았다. 자기들끼리 소근거리기도 했다. 한마디로 분위기가 엉망이었다. 평소 생물 선생님이 화를 많이 안 내서 종종 풀어지기는 했지만 오늘은 내가 봐도 심했다. 선생님이 한마디 잔소리를 하고 싶어진 것은 충분히 이해한다.

그런데 왜 이런 말이 나오는 걸까?

"남자는 여자가 하기 나름이야. 여학생들이 남자애들 좀 깨워서 공부 좀 시키자!"

여자애들도 엎드려 자고 핸드폰 하기는 매한가지였는데, 어떻게 우리가 남자애들 공부를 시킨다는 걸까? 그럴 수 있다고 해도 왜 쟤들까지 챙겨야 하지? 의문이 스멀스멀 올라왔다.

민선이랑 나는 급식을 먹으며 이 일에 대해 얘기했다.

"아까 샘이 남자는 여자 하기 나름이라고 한 말, 어떻게 생각해?"

"응?"

민선이는 바로 답하지 못했다. 대신 이렇게 물었다.

"너는 어땠는데?"

"들으니까 이상하게 찜찜한데, 왜 그런지 설명은 못 하겠어."

"그러게. 나도 그래. 오늘 나페 모임 있으니까 거기 가서 애들 의견을 들어 보자."

이래서 '남자는 여자 하기 나름'이라는 말을 듣고 모임에 나가게 되었다.

"오늘 제가 찾아온 사례는요, '남자는 여자 하기 나름'이라는 말이에요. 좀 이상한 말 같은데 뭐가 문제인지 잘 설명하지 못하겠어요."

나의 말에 1학년 남학생이 답한다.

"그거 칭찬 아니에요?"

"왜 칭찬이라고 생각하는데?"

"음…… 남자들은 찌질하니까 여자들이 관리 좀 해 줘라, 뭐 이런 의미로?"

"그래? 그럼 남자들 입장에서는 되게 기분 나쁜 말이겠네?"

"늘 듣는 말이라 이젠 별로 기분 나쁘지도 않아요. 큭큭."

"아무래도 남자들이 여자들보다 더 산만하고 그러니까, 좀 도와 주라는 말 아닐까요?"

"왜 도와줘야 되는데?"

우철이가 한마디를 보탰다.

"좋은 경우 말고, 안 좋은 경우를 빗대어 보면 어떨까? 예를 들어, 매일 폭력에 시달리는 아내가 있어. 그럼 이 여자는 왜 맞는 거지?"

"어?"

"남자는 여자 하기 나름이라며? 그럼 여자가 어떻게 했길래 이 남자는 아내를 매일 때리는 거냐고?"

"오~~~~!"

"그럼 남자는 여자 하기 나름이라는 말은 일의 원인을 여자에게 돌리는 말이라는 거네?"

"그런 거 아닐까? 그것도 대체로 안 좋은 경우에."

"안 좋은 경우?"

"응. 만약 반 분위기가 좋았다면 그런 말씀을 하셨을까?"

"아!"

여기저기서 짧은 탄성이 나왔다.

"그럼 분위기가 안 좋았던 게 우리 반 여자애들이 잘못하고 있기 때문이다, 여자애들 때문에 남자애들이 저러는 거다, 그런 뜻이 되는 거야?"

내 물음에 이어 1학년 태원이도 물었다.

"와! 그렇게도 볼 수 있겠네요. 하지만 선생님들께서 정말 이렇게 생각하고 말씀하신 걸까요?"

"아마 아니시겠지. 너무 답답하니까 여자애들보고 어떻게 좀 해 보라고 하신 걸 거야."

"그럼 상대방은 그런 의도가 없었는데 우리가 너무 까칠하게 생각하는 거 아니에요?"

지난번 모임부터 나오기 시작한 현수가 처음으로 침묵을 깨고 말했다.

"모르고 있다는 게 더 심각한 거 아냐?"

"네?"

"문제가 있다는 걸 모르고 있다는 거, 그 말이 가진 의미에 대해 생각해 보지 않았다는 게 더 심각한 거 아니냐고. 나는 그럴 의도가 없었다고 한다고 해서 그 말이 담고 있는 뜻이 달라지는 건 아니잖

아. 우리가 이런 얘기하는 것도 몰랐던 거 알자는 거 아니야?"

그때 이대호 선생님이 끼어들었다.

"그래. 현수 말처럼 몰랐던 것, 아니 관심조차 두지 않았던 것, 그래서 어떤 의미가 담겨 있는지 고민조차 해 보지 않았던 말들의 심각성을 알아가자는 거야. 그럼 다시 한 번 정리해 볼까. '남자는 여자 하기 나름이다'는 어떤 면에서 문제라는 거지?"

"대체로 잘못된 경우의 원인을 여자에게 돌린다는 거예요. 여자 가 뭘 어떻게 했길래 그러냐는 식으로 말이에요. 동시에 여자는 남 자를 도와주는 존재라는 의미로도 들려요. 여자 자신이 하고 싶은 일을 하는 게 아니라 여자는 남자가 성공할 수 있도록 도와야 한다 는 뜻으로요."

의도하지 않은 잘못은
잘못이 아닐까?

의식적으로 차별적인 말을 하는 게 잘못이라는 점은 동의하지? 그러면 의식하지 않고 차별적인 말을 하는 것은 괜찮은 일일까? 듣는 사람 입장에서는 말한 사람의 의도가 어떻든 큰 차이가 없지 않을까?

우리가 살아온 세상은 무척 남성 중심적인 곳이야. 사회 구조, 관습, 언어 등 거의 모든 것에 인간 남성의 시선으로 다른 존재를 대상화하는 관점이 반영되어 있지. 따라서 의식하지 않고 말하고 행동하다 보면 남자든 여자든 차별적인 말과 행동을 하기 쉬워.

혹 그렇다면 더 억울하다고 생각하는 사람도 있을 수 있어.

"그럼 그건 내 잘못이 아니잖아?", "왜 나만 가지고 그래?" 하는 생각이 들 수 있지.

그런데 차별을 지적하는 것은 잘못한 사람, 잘못하지 않은 사람을 나누고 한쪽을 비난하기 위해서가 아니야. 어차피 우리 모두 크든 작든 차별을 하고 있으니까. 차별적인 말과 행동에 이의를 제기하는 것은 거기 담긴 문제점에 대해 함께 생각해 보고 앞으로 그러지 말자는 뜻이야.

우리가 길 가다가 남하고 부딪히면 일부러 들이받은 게 아니라도 '미안합니다' 하고 사과를 하잖아. 비슷한 상황에서 계속 부딪힌다면 "내 걷는 자세가 이상한가?", "어떻게 해야 안 부딪힐 수 있지?" 하고 자신을 점검해 보기도 하겠지. 의식하지 않고 하게 되는 혐오발언도 비슷하다고 보면 돼. 매번 쾅쾅 부딪히면서 "일부러 부딪힌 게 아니다!"라고 항변만 한다면, 무엇보다도 자기 자신이 제일 불편하지 않겠어?

"일부러 그런 게 아니다"라는 말은 다시 같은 일을 하지 않을 때 가장 잘 받아들여진다는 점을 기억하자고.

#퀴어

퀴어queer는 본래 '이상한, 색다른'이라는 의미를 가진 단어로, 오늘날은 동성애자, 트랜스젠더, 트랜스섹슈얼 등 이성애적 성별이분법으로 포괄할 수 없는 성소수자 전반을 가리키는 말로 쓰이고 있다. 퀴어는 독일어로 '가로지르는'이라는 뜻의 'quer', '비튼다'는 뜻의 라틴어 'torquere'와도 의미적 연관성이 있다. 본질적으로 퀴어라는 말에는 '양성'으로 사람을 나누는 이분법의 경계를 가로지른다는 의미가 담겼다고 할 수 있다.

퀴어는 여전히 형성 과정 중에 있는 비확정된 용어이다. 성적 소수자성의 사회적 맥락, 포괄 영역이 계속 변화하고 확장됨에 따라 퀴어의 의미 역시 변화하고 있다. 한때 '퀴어'는 동성애자를 뜻하면서 동시에 동성애자에 대한 혐오를 담은 표현이었다. 하지만 오늘날의 '퀴어'는 동성애자를 뜻하는 말을 넘어 문화적으로 주변화되어 있는 성적 정체성들을 통틀어 일컫는 용어로 쓰이고 있다. 퀴어를 정의하고 한계를 정하는 데 있어서 결정적인 합의는 없지만 이 용어는 성sex, 젠더gender, 성적 욕망 사이의 소위 '안정된 관계' 즉 이성애 관계에 모순이 있다는 것을 극적으로 드러내는 태도 혹은 분석 모델을 뜻하는 말로 사용된다. 다시 말해 퀴어는 성, 젠더, 욕망 사이의 부조화에 초점을 맞춘다.

한국의 매체나 담론장에서는 성소수자라는 표현이 더 자주 사용되며, 퀴어라는 표현은 '퀴어 문학, 퀴어 축제, 퀴어 영화' 등과 같이 문화적 코드를 지칭할 때 주로 쓰인다.

퀴어와 여성은 가부장제 사회에서 배제되는 집단이라는 점에서 관계가 깊다. 가부장제 집단은 남성 동성애자들의 '남자 자격'을 박탈하고, 성별이분법적 시각에서 이들을 여성적 존재로 분류하고 비난을 가한다. 여성을 비난의 의미로 사용함으로써 성소수자 혐오와 여성혐오를 동시에 강화하는 것이다. 동성애자 스스로 이런 혐오를 내면화하여 여성혐오를 재생산하기도 한다. 다른 성소수자 역시 비슷한 방식으로 배제되어 '남성성'의 지위를 강화하는 도구로 사용된다.

따라서 퀴어와 여성은 가부장제 해체를 위해 연대할 수 있으며, 퀴어를 이해하는 것은 가부장적 세계관을 탈피하는 데 있어 중요한 과정 중 하나다.

#농담과 조롱 사이

"뭐가? 농담으로 한 소린데."

엄마, 갱년기야?

"엄마, 안 추워?"

"어?"

"왜 창문을 다 열어 놨어? 바람 들어오는데."

"엄마는 열나는데, 너는 추워?"

"응, 추워. 요즘 자꾸 그러네. 어디 아픈 건 아니지?"

요즘 엄마는 시시때때로 문을 연다. 전에는 맨날 춥다는 말을 입에 달고 살았는데, 좀 이상하다. 그런데 그때 냉장고에서 물을 꺼내던 오빠가 말했다.

"엄마, 갱년기야?"

엄마는 찡그린 것도 그렇다고 아니라고 할 수도 없는 애매한 표정으로 오빠를 쳐다보며 반문했다.

"뭐?"

"아니, 엄마 요즘 좀 이상하잖아. 전에는 춥다, 춥다 하더니 요즘은 혼자만 막 덥다 그러고. 엄마 갱년긴가 봐."

그리고 나서 오빠는 아무렇지 않게 물을 꺼내 컵에 따라 들고 방으로 들어갔다. 엄마와 나, 둘만 거실에 남았다.

"연수야, 엄마 이상해?"

"뭐가?"

"진짜 갱년긴가 봐. 몸도 예전 같지 않고. 나만 덥니? 추우면 문 닫아."

"아, 아냐. 나도 좀 답답하네. 오빠 말에 신경 쓰지 마. 그리고 갱년기 원래 다 오고 그러는 거잖아. 엄마 이상한 거 아니야."

"그래. 엄마만 그러는 건 아니지."

어쩐지 엄마의 목소리가 슬프게 들렸다. 엄마도 늙을 수 있다는 생각을 해 본 적이 없었던 것 같다.

'아, 엄마도 늙는구나.'

아무렇지 않은 척해야 할 것 같아 학교에서 있었던 일들을 얘기하고 텔레비전을 켜고 부산을 떨다 방으로 들어왔다. 그리고 검색을 시작했다. '갱년기 증상'.

갱년기는 여성과 남성 모두에게 올 수 있다. 여성의 경우에는 난소가 노화하면서 여성 호르몬이 생성되지 않아 생기는 증상이다. 얼굴이 붉어지고 피로, 우울, 심하면 수면장애까지 올 수 있다고 했다. 얼굴이 붉어지고 쉽게 피로해지는 것, 수시로 덥다고 하는 걸 보면 엄마의 증상이 갱년기와 무관하다고만 볼 수는 없다.

이유는 잘 모르겠지만 마음이 울컥하고 출렁거렸다. 혹시 오빠의 "엄마, 갱년기야?"와 나의 "원래 다 그런 거야"가 엄마에게 상처

가 되지는 않았을까?

조금 더 검색을 해 보니 대부분의 중년 여성들은 이 갱년기 증상을 혼자서 견디고 있는 듯했다. 갱년기에 좋다는 약이나 과일 등의 광고 역시 갱년기 여성이 스스로 챙겨 먹고 이겨내야 한다는 투였고, 포털 질문 코너의 질문 역시 갱년기 증상을 앓는 여성들이 직접 올린 것들이 많았다. 그러니까 이 갱년기라는 증상은 겉으로는 매우 멀쩡해 보이기 때문에 누구에게 아프다 호소해도 소용없는, 본인만 아는 병인 셈이다.

이것저것 찾다 보니 나도 비슷한 증상이 있다는 생각이 들었다. 이유 없이 화가 나고, 괜한 일에 짜증이 치밀어 오르고 또 갑자기 우울해지는 병, 바로 사춘기라는 병. 중학교 때에 비하면 훨씬 나아졌지만 나는 여전히 사춘기를 겪고 있다. 그렇지만 나는 그만큼 이해를 받는다. 나뿐 아니라 수많은 십 대들의 방황도 받아들여지고 격려받는다. "사춘기라 그래. 지금이 지나고 나면 괜찮아질 거야. 힘들지? 원래 지금 좀 그럴 때야"라고.

그런데 엄마는? 엄마한테 누가 "갱년기엔 그럴 수 있어. 괜찮아. 힘들지?"라고 말하는 사람이 있었던가? 오히려 갱년기는 "왜 저래? 갱년긴가 봐"라는 말로 질타당하고 있는 건 아닌지 하는 생각이 들었다.

그러는 사이 텔레비전 소리가 방문을 넘어 들어왔다. 엄마가 보고 있는 것은 홈쇼핑 채널이었다. 마감 임박이라는 단어와 함께 "이제는 자신에게 투자할 시간"이라는 쇼핑 호스트의 말이 호들갑스럽게 이어졌다.

"어머님들, 그동안 고생 많으셨잖아요. 이제는 자기 자신을 위해서 이 정도 투자는 하셔야지요. 갑자기 얼굴이 화끈거리고 괜히 덥고 그러신 적 있으시죠? 그런 게 다 갱년기 증상이시거든요. 또 주부님들이 힘들면 가족들도 같이 힘들어지는 거거든요. 그러니까 망설이지 마시고 지금 바로 전화 주세요."

이후로도 엄마는 한참 동안이나 홈쇼핑을 보고 있었다. 홈쇼핑을 즐기지 않는 엄마에게 어울리지 않는 장면이었다. 나는 방문을 살짝 발로 열고는 쇼파에 앉아 있는 엄마를 보았다. 엄마는 심각한 표정으로 고개를 끄덕이며, 손에는 전화기를 들고 있었다. 지금이라도 바로 주문을 할 수 있도록 말이다. 갱년기는 엄마가 겪고 있는데 홈쇼핑에서는 왜 엄마가 가족을 힘들게 하는 존재처럼 말하는 건지, 엄마의 갱년기마저 상품이 되어서 팔리고 있구나 하는 생각이 들었다.

나는 조용히 다가가 엄마 곁에 앉아 손을 잡았다. 당장 내가 할 수 있는 일은 없지만, 엄마를 혼자 두지는 말아야겠다고 생각했다. 엄마도 내 손을 지그시 잡았다.

인생에 도움이 안 되는 오빠가 지나가다가 툭 던진다.

"왜 둘이 청승이야. 진짜 갱년기인가?"

"오빠는 왜 말을 그렇게 해?"

"뭐가? 농담으로 한 소린데."

"갱년기든 아니든 사람 몸에 생기는 일 가지고 그런 식으로 말하면 안 되지!"

"너는 또 왜 이렇게 예민해. 생리 하냐?"

"헐……."

농담이라는데 좀 받아주면
안 되는 거야?

농담, 실없이 놀리거나 장난으로 하는 말이라는 뜻이야. 대체로 웃음을 유발하기 위해 하는 말이지만 때때로 듣는 사람이 상처를 받기도 해. 놀린다는 말 자체에서 이미 상대에 대한 비하, 깔봄의 의미가 포함되어 있어. 거기에 '실없이'라는 부사어까지 붙어 있으니 아무런 이득도 없이 단지 말하는 이의 재미를 위한 것이라는 뜻도 되지. 그러니까 실제로 농담을 할 때에는 신중해야 해.

특히 타인의 삶의 중요한 요소, 사적인 문제, 스스로 어쩔 수 없는 병이나 환경 같은 것은 더더욱 함부로 농담의 소재로 삼아서는 안 돼. 그런 의미로 여성의 신체적 변화는 처음부터 농담거리가 될 수 없는 거야.

　"너 오늘 생리해? 평소랑 다르게 왜 예민하게 굴어?"와 같은 말이 설마 농담이 될 수 있다고 생각하는 건 아니겠지? 모 방송의 개그 프로그램에서 할 말은 꼭 하는 성격의 개그우먼이, 부하 직원에게 생리하냐며 치근덕거리는 상사에게 "그럼 부장님은 몽정하세요?"라고 맞받아치는 장면이 있었지. 이를 들은 남성 상사는 머쓱해 하며 자리를 떴어. 어때, 전혀 즐거워 보이지 않지? 그 장면을 보는 남성 시청자들도 그리 즐겁지 않았을 거야. "아침부터 기분 좋아 보이네. 어젯밤 몽정했어?" 같은 말을 듣고 그냥 농담으로 웃으면서 넘길 수 있는 남자가 얼마나 되겠어? 신체적 변화나 특징은 매우 개인적인 일이기 때문에 웃기는 일의 소재가 될 수 없는 거야.

FEMINIST

#LGBT

LGBT는 성소수자 중 레즈비언lesbian, 게이gay, 양성애자bisexual, 트랜스젠더transgender를 합쳐서 부르는 단어다. 성소수자 권리 운동 초기에는 레즈비언과 게이만 일컫는 레즈게이lesgay였다가, 거기에 양성애자를 더하여 레즈비게이Lesbigay, LGB로 불리었고 1990년대 이후 트랜스젠더도 포함된 LGBT가 되었다. 오늘날은 여기에다 퀘스쳐너questioner, 무성애자asexsual, 그 외의 더 많은 정체성을 포함하여 LGBTQA+라고 하기도 한다.

여성에게 성적 매력을 느끼는 동성애자는 레즈비언, 남성에게 성적 매력을 느끼는 동성애자는 게이라 한다. 양성애자는 남성과 여성 모두에게 성적, 정서적 끌림을 느끼는 이를 말하며 트랜스젠더는 태어날 때의 성별과 사회적 기대에서 벗어나는 다른 성별의 몸짓, 복장, 정체성을 지닌 이를 말한다. 퀘스쳐너는 자신의 정체성을 모르거나 규정하지 않은 사람이고, 무성애자는 성적 끌림을 느끼지 않는 사람이다. 이외에도 다양한 성 정체성과 성 지향성이 존재한다.

성소수자의 스펙트럼이 이렇게 다양한 반면, LGBT는 성소수자 중 비교적 다수에 해당하는 일부만을 강조한다는 비판을 자주 받아 왔다. 그래서 최근에는 퀴어가 성소수자를 포괄하는 용어로 대체되어 사용된다. 퀴어 축제와 같은 성소수자 퍼레이드나 커뮤니티에서 자주 볼 수 있는 무지개 깃발은 이들의 다양한 스펙트럼을 나타내는 상징이다. 무지개 깃발의 색깔은 때에 따라 다섯 색, 여섯

색 등 유동적으로 사용되지만, 최근에는 빨강, 주황, 노랑, 초록, 파랑, 보라의 여섯 가지 색을 가진 무지개기가 흔하게 사용된다.

'천생'과 여자의 관계

"요리, 바느질, 다림질 등등 집안일을 잘하면 천생 여자라고 하는 거 같아요. 여자 되고 싶으면 집안일만 하라고 하는 것 같잖아요."

천생 여자네

우리 반 지은이는 170센티미터가 넘는 큰 키의 소유자다. 달리기는 전교에서 1등이고 공부도 잘한다. 이야기도 재밌게 하고 성격도 좋아서 지은이 곁에는 언제나 친구들이 많다. 그렇지만 지은이는 자신의 키가 5센티미터 정도만 작았으면 좋겠단다. 겨우 160센티미터를 넘는 나로서는 쉽게 이해가 되지 않는다.

예전에 지은이에게 물어본 적이 있다.

"왜 작았으면 좋겠는데?"

"너무 크니까. 세 보이는 거 같기도 하고 여성스럽지도 않은 것 같아."

나로서는 키와 여성스러움, 키와 세 보이는 것 사이의 연관 관계가 잘 이해되지 않았지만 그렇구나 하고 넘어갔다. 하지만 오늘은 그냥 넘어갈 수 없었다. 점점 무심코 넘어갔던 말들이 불편해졌고, 불편한 이유를 알아가기 시작했기 때문이다.

오늘은 가사 시간에 바느질로 걱정인형 만들기를 했다. 수행평가라선지, 머리가 아니라 손으로 하는 일이어서 그런지 모두들 집중해서 인형 만들기를 했다. 재단을 해서 천을 오리고 바느질로 인형의 틀을 잡는다. 과정 하나하나에 신경을 쏟다 보면 시간이 휙휙 지나갔다.

가사 시간이 절반 넘게 지나갔을 무렵, 지은이와 같은 모둠이었던 형석이가 바느질을 하고 있는 지은이에게 말했다.

"얼~ 천생 여자네."

"뭐?"

"아니, 너 안 그렇게 보였는데 바느질 엄청 잘한다고. 천생 여자!"

형석이는 자기가 무슨 좋은 말이라도 했다고 생각하는지 엄지 손가락까지 들어 보였다. 지은이가 되물었다.

"바느질을 잘하는 거랑 여자인 거랑 무슨 상관이야? 그리고, 천생 여자란 게 무슨 뜻인데?"

"뭘 또 그렇게 따지고 그래? 칭찬이야! 칭찬!"

지은이와 형석이가 이런 말을 하며 바느질을 이어가고 있을 때였다. 옆 모둠이었던 민선이가 형석이에게 물었다.

"너는 천생 여자라는 말이 칭찬이라고 생각해?"

형석이의 목소리에 짜증이 섞였다.

"아이 씨, 왜 다들 나한테 이래? 그래, 미안하다, 미안해. 여자 하지 말든가."

"여자가 되고 싶어서 됐어? 여자를 어떻게 하든가 말든가 하냐?"

교실 안의 남자애들의 수근거림이 시작됐다.

"에구, 또 시작하는 거야? 페미니즘?"

"그냥 칭찬이라잖아. 뭘 예민하게 굴어."

남자아이들은 페미니즘 문제로 우리가 공격적으로 군다고 하지만 페미니즘 이야기가 나오면 남자애들도 만만치 않게 공격적이 된다. 꼴페미, 메갈년같이 험한 말이 튀어나오고 언성이 높이지기도 한다.

그때 지은이가 수군거리는 남자애들을 똑바로 보며 말했다.

"뭘 또 시작했는데? 아직 아무것도 안 했거든. 너네는 시도 때도 없이 아무 말이나 툭툭 던지면서 우리가 몇 마디 하면 바로 호들갑이냐? 그리고 형석이 너, 그 말이 어떻게 칭찬이 되냐? 바느질 잘해서 천생 여자면, 바느질 못하면 여자가 아니야? 그럼 전에는 내가 여자로 안 보였어?"

나는 지은이가 예전에 말했던 '여성스러움'을 다시 떠올렸다. 어쩌면 천생 여자는 지은이가 가장 듣고 싶어 했던 말이면서 동시에 지은이를 가장 괴롭혔던 말은 아니었을까.

우리들의 이야기를 끊지 않고 보고만 계시던 가사 선생님이 그제서야 한마디 하셨다.

"바느질 계속하면서, 얘기할 사람은 얘기해 보자. 천생 여자라는 말에 대해서 다른 친구들은 어떻게 생각해?"

그래서 우리는 걱정인형을 만들며 이 말에 대해 이야기했다. 발언하는 것은 다 여학생들이었다.

"칭찬이라고 하는데 대체로 칭찬의 기준이 뭔지 모르겠어요."

"요리, 바느질, 다림질 등등 집안일을 잘하면 천생 여자라고 하는 거 같아요. 여자 되고 싶으면 집안일만 하라고 하는 것 같잖아요."

"왜 여자를 평가하고 그러는지 모르겠어요."

나도 한 마디를 보탰다.

"사람 기분을 복잡하게 하는 말이에요. '그렇게 안 봤는데 너 천생 여자구나.' 이런 말을 들으면 그 말을 하는 사람이 꼴보기 싫다고 생각하면서도 동시에 그 일을 잘해야만 할 것 같은 압박이 느껴지기도 해요. 아니라는 걸 알면서도요."

말하면서 조금 걱정도 되었다. 아닌 걸 알면서 휘둘린다니, 비난받을 것 같은 기분도 들었다. 하지만 여자아이들은 대부분 공감하는 표정이었다. 민선이가 말했다.

"평가를 받는다는 기분 때문이 아닐까? 사람은 다 평가에 약하잖아. 우수한 평가를 받고 싶은 욕심도 생기고."

"수행평가는 성적이라도 나오지. 공정한 기준도 없으면서 부담만 주는 평가 같아."

평소 소심했던 정아가 웬일로 입을 열었다.

"남자한테 사랑받는 사람이라는 평가 아닌가? 천생 여자라는 거."

이야기하던 아이들이 찬성을 표했다.

"그거네! 묘하게 고까운 게 이유가 있었어!"

"여자란 말이 붙으면 다 그 비슷한 뜻이 되는 것도 불편해."

이야기는 점점 활기를 띠었다. 여학생들만 이야기하고 남학생들은 침묵하고 있었다. 이야기를 듣고 있는지도 잘 알 수 없었다. 남학생들 중 일부는 여전히 우리가 예민하다거나 피해의식이 있다고 생각할 수도 있다. 하지만 또 몇몇은 우리들의 이야기를 들으면서 '억울할 수도 있겠다. 그동안 아무 생각 없이 한 말이 누군가를 평가하는 말이었구나'라는 생각을 할 수도 있지 않을까.

'여성스러움'이라는 건 도대체 뭘까?

'천생 여자'라는 말. 이 말이 주로 어떤 상황에서, 누구에 의해 말해지는지 생각해 볼까? 이 말은 특히 매스컴에서 여성 연예인이 가사나 육아에 능숙할 때 사용돼. 또 애교 섞인 말투의 여성이나 레이스가 나풀거리고 하늘하늘한 의상을 입은 여성에게 사용되기도 하지. 또 한 가지 주목할 점. 여성에게 "천생 여자네요" 혹은 "그렇게 안 봤는데 천생 여자였네요" 등의 말을 하는 사람은 거의 남성이야.

그러니까 '천생 여자'가 되기 위한 방법은 1단계 가사나 육아에 능숙할 것, 2단계 어리고 연약한 인상을 줄 것, 3단계 남성에게 인정받을 것 정도로 정리할 수 있어.

등산, 스킨스쿠버, 스카이다이빙 등의 스포츠를 즐기거나 전문적인 업무에 빠져 있는 여성을 향해 천생 여자라고 할까? 그렇지 않지. 대개 이런 여성을 향해서는 '걸크러시, 센, 남자들도 힘든 일에 도전하는' 같은 말을 하지. 다시 말하자면 남성들의 기준에서 여성스러움이란 매우 제한적인 거야. 결국 남성들이 "여자가 이 정도는 해야지" 혹은 "여자라면 이런 모습이어야지" 하고 인정해 줄 때 여성들은 비로소 천생 여자가 될 수 있는 거지.

하지만 '천생'이라는 낱말 뜻은 '하늘로부터 타고남'이라는 뜻을 가지고 있어. 태어날 때 성별이야말로 하늘로부터 타고난 거잖아. 그럼 여성으로 태어난 사람은 모두 '천생 여자'여야 하는 게 아닐까? 그게 아니라면 '천생 여자'가 우리에게 말하고자 하는 건 뭘까?

#정형화

규격화하다, 표준화하다라는 의미를 가진 말로, 사람에게 이 말이 쓰일 때는 소년, 소녀, 남성, 여성, 어른, 아이 등으로 역할과 규범이 정해져 있다는 생각을 의미한다. 사람들은 태어나면서부터 특정한 방식으로 생각하도록 유도되어 소년이나 소녀, 남성이나 여성이라면 어떠어떠해야 한다는 표준이 있다고 믿는다. 이러한 정형화 과정은 부모, 학교, 만화책, 텔레비전, 광고, 친구, 이웃, 그 밖의 주변에 보이는 모든 것에 의해 이루어진다.

예를 들어, 안데르센의 동화 「빨간구두」의 주인공 카렌은 교회에 검은색이 아닌 빨간 구두를 신고 갔다가 저주에 걸리고 결국 발목이 잘린다. 독자는 카렌이 할머니의 충고를 무시했기 때문에 저주를 받았다고 느끼고, 어른들의 말에 순종하지 않고 마음대로 행동하는 데 대한 두려움이 생긴다. 이런 이야기는 여성이 조신하고 순종적이어야 한다고 강요한다. 이와 비슷하게 광고에서 "빨래 끝!"을 외치는 여성들의 밝은 표정, 여성이 화장과 쇼핑에만 관심이 있는 것처럼 만드는 예능 프로그램들도 여성의 정형화에 한몫한다. 그럼에도 불구하고 개인은 이런 정형화가 자기 생각과 결정, 선택의 과정이라고 착각하기도 한다.

이와 같이 우리는 사회가 만들어 낸 사고방식이나 문화에 맞춰지고 다듬어진다.

#저절로 나아지는 건 없다

"피곤하다고 계속 피하니까 남자들이 저런 말을 아무렇지 않게 하잖아. 놔두면 점점 더 피곤해질 거라고."

FEMINIST

나이보다 어려 보여요

우리 아파트에는 매주 수요일마다 장이 선다. 돈가스부터 각종 야채며 생선을 파는 가게까지 없는 거 빼고는 다 있는 장터다. 동네 주민들을 한꺼번에 만날 수 있는 몇 안 되는 날이자 일주일의 식량을 장만하는 날이기도 하다. 매주 장사를 하러 오시는 분들도 고정적이어서 상인 분들도 주민들을 알아보신다. 오늘은 시험 기간이라 학교가 일찍 끝났다. 덕택에 나는 엄마를 따라 수요일 장을 한 바퀴 돌며 떡볶이도 먹고 장을 봤다. 저녁에 고등어나 조려 먹자는 엄마를 따라 생선 좌판을 살펴보고 있을 때였다.

"아이고, 사모님 오랜만이시네요?"

생선가게 아저씨가 반갑게 인사하셨다.

"아, 네……."

숫기가 없는 엄마는 그저 말을 흐린다.

"뭐 사시려고요?"

"고등어요. 생물 고등어 한 마리에 얼마예요?"

"아, 생물 한 마리 7천 원이에요. 어떻게 해서 드시게요?"

"좀 비싼 거 같은데……."

"아이고 사모님, 비싸기는요. 요즘 물가가 얼마나 올랐는데요? 근데 옆에 있는 이 학생은 누구신가?"

"아, 제 딸이에요."

"아니, 이렇게 큰 딸이 있으셨어요? 그동안 사모님을 몇 번을 뵈었는데 고등학생 따님이 계실 줄은 생각도 못 했네. 나이보다 엄청 어려 보이신다."

아저씨의 넉살에 엄마는 난처하게 웃었다. 아저씨는 가르치는 학생인 줄 알았다느니, 엄마가 선생님 분위기가 난다느니 너스레를 떨다가 슬쩍 한마디를 붙였다.

"어떻게, 한 마리 드려요?"

"아, 네. 그럼 한 마리만 주세요. 조림할 거니까 토막 내서요."

아저씨의 장사 수완이 좋다는 생각이 들면서도 별로 기분이 좋지 않았다. 고등어가 담긴 봉지를 들고 돌아서며 나는 불쑥 말했다.

"엄마, 앞으로는 저 아저씨네서 생선 사지 마."

"응? 왜? 생선 별로야?"

"너무 무례하잖아. 나이가 어떻네, 어려 보이네 실없는 소리나 하고."

"왜? 나이보다 어려 보이면 좋은 거지, 일부러들 어려 보이려고 피부과 가서 보톡스도 맞고 그러는데."

"어휴. 그게 다 외모 평가하는 말이잖아. 그리고 나이대로 보이는 게 어때서? 나이 드는 게 나쁜가?"

엄마가 웃었다.

"아이고, 그런 거 다 따지면 피곤해서 어떻게 살아."

"피곤하다고 계속 피하니까 남자들이 저런 말을 아무렇지 않게 하잖아. 놔두면 점점 더 피곤해질 거라고."

"에이, 그러기야 하겠어? 우리 딸 다 클 때면 어련히 알아서 나아질까 봐."

"알아서 나아지는 게 어디 있어? 아빠만 해도 봐. 일하느라 바쁘다고 엄마가 일일이 챙겨 주니까, 이제 많이 한가해졌는데도 양말 하나를 안 개잖아. 토요일, 일요일 내내 집에 있으면서 언제 설거지 한 번 한 적 있어?"

"여기서 아빠 이야기가 왜 나와? 어쩔 수 없지 뭐. 아빠는 그렇게 컸는데."

"그럼 앞으로도 안 나아지는 거 맞네. 아빠는 그렇게 컸으니까 계속 그럴 거고, 오빠도 그렇게 컸으니까 앞으로도 라면 하나 안 끓일 거고. 다른 남자들도 다 자기 큰 대로 살 텐데 어떻게 나아져?"

"……."

엄마는 기분이 복잡해 보였다. 나는 그런 엄마가 신경 쓰여 그만 화제를 바꿨다. 엄마와 나는 다른 이야기를 하며 고등어를 들고 집으로 돌아왔다.

요즘 엄마는 종종 창문을 열고 멍하니 창밖을 바라볼 때가 있다. 오늘도 엄마는 해가 지는 창밖의 풍경을 아무 말 없이 한참을 바라보았다. 엄마가 무슨 생각을 하는지 알 수 없지만 나는 그 모습이 쓸쓸하게 느껴졌다.

저녁이 되었다. 고등어는 무와 고춧가루와 함께 붉게 조려졌다. 김이 솔솔 나는 따스한 밥 한 공기가 어우러지니 밥이 술술 넘어간다. 한 공기를 금방 비운 아빠가 엄마에게 말했다.

"밥 한 공기 더 줘."

엄마는 잠시 가만히 있더니 조용한 목소리로 말했다.

"당신이 떠다가 먹으면 안 돼? 나 밥 먹고 있잖아."

순간, 식탁은 엄마만 빼고 일시정지 상태가 되었다. 아빠는 계속 밥을 먹는 엄마를 이상한 듯이 보다가 내 쪽을 보았다.

"연수야, 밥."

내가 일어날 생각을 하기도 전에 엄마가 또 말한다.

"연수도 밥 먹고 있잖아요."

나는 아빠 눈을 안 마주치려고 생선 가시만 열심히 발랐다. 아빠와 오빠의 어안이 벙벙한 얼굴이 안 봐도 그려졌다.

"알았어. 내가 할게. 밥 좀 떠 주는 게 뭐 대수라고!"

아빠가 헛기침을 하며 일어섰다. 나는 슬그머니 고개를 들고 엄마를 보았다. 엄마도 나를 흘긋 보았다. 어쩌면 엄마는 오늘 엄청난 용기를 낸 것일지도 모르겠다는 생각이 들었다.

그래도 세상은 점점 더 나아지고 있잖아?

응. 사실 많은 어른들이 그렇게 생각을 하고 있어. 옛날에 비하면 정말 좋아졌다, 이만하면 살 만하다, 경제가 발전하고 나라 수준이 높아지면 자연히 더 좋아질 거다, 미국이나 프랑스 같은 나라 이야기를 하면서 막연히 미래를 기대하곤 하지.

하지만 최근 몇 년 사이 세계에서 들려오는 소식들은 이 생각이 환상에 불과했다는 걸 알려줬어.

지난해 미국에서 열린 75회 골든글로브 시상식장은 검은 드레스로 물들었어. 메릴 스트립, 엠마 왓슨 같은 유명 배우뿐 아니라 많은 제작진과 감독들이 평소 시상식 때의 화려한 옷 대신 검은 옷을 입고 시상식장에 나타났어. 미국 영화업계의 성추행과 성폭력, 성차별을 규탄하기 위한 움직임이었지.

거물 제작자 하비 와인스타인의 성추행 파문을 계기로 시작된 영화인들의 폭로는 정말 충격적이었어. 스타급 배우와 신인을 가리지 않고 대부분의 여성들이 성폭력에 노출되어 있었지. 자유와 평등의 나라인 줄 알았던 미국도 저렇다니. 잘나가는 배우들도 저런 일을 당하다니. 성폭력과 성차별은 과거부터 지금까지 한 번도 없어진 적 없이 계속되고 있었던 거야. 과연 이런 시대를 두고 '예전보다 나아졌다'고 만족할 수 있을까?

예전보다 여성 인권이 진전된 것은 사실이야. 이제 여성들은 교육을 받고 직업을 갖고 정치에 참여하는 등 사회 각 방면에서 활발하게 활동하고 있어. 하지만 이런 변화가 시간이 흘러서 저절로 일어난 일은 아니야. 많은 여성들이 권리를 이야기하고 부단히 싸웠기 때문에 가능했던 거야.

만사를 제쳐놓고 여성 권리 운동에 뛰어든 이들도 있었고 글을 쓰거나 연구를 하면서 문제를 제기한 사람, 일상 속에서 꾸준히 변화를 모색한 이들도 있었어. 그 덕분에 여성들이 조금 나은 삶을 살 수 있게 된 것이지. 생선가게 아저씨의 "나이보다 어려 보인다", 아빠의 "밥 좀 떠 주는 게 뭐 대수라고!"는 말들이 괜찮지 않다고 말하는 연수와 엄마처럼 각자 자신의 목소리를 낸 사람들도 빼놓을 수 없겠지?

지금 우리가 느끼는 부당함과 불편함에 대해 이야기하지 않는다면 그 부당함은 계속 지속될 거야. 부당한 일들이 괜찮은 것, 당연한 것처럼 여겨지는 세상이 아니라 더디더라도 조금씩 변화가 일어나는 세상을 바란다면 각자 말하고 행동하기를 계속하면 어떨까?

#동일가치노동 동일임금

동일한 일을 했다면 동일한 임금을 받는 것은 당연하다. 하지만 이 당연한 상식이 현실에서는 잘 지켜지지 않는다. 남녀의 차이뿐 아니라 근속연수의 차이, 정규직과 비정규직에 따라, 심지어 인종에 따라서도 임금에 차이가 있다. 물론 이를 방지하는 법률이 없는 것은 아니다. 1951년 국제노동기구ILO는 동일한 가치를 지니는 노동에 남녀 상관없이 동일한 보수를 적용한다는 협약을 채택하고 이 원칙을 국제노동기구 헌장에 실었다. 국제인권법에서도 이 원칙을 명시하고 있다.

동일가치노동 동일임금은 인종, 종교, 국적 또는 성별이나 정규직, 파트타임, 파견 사원 같은 고용 형태와 관계없이 같은 업무에 종사하는 노동자에 대하여 노동의 양에 따라 동일한 수준의 임금을 적용한다는 원칙이다. 초기에는 '동일노동 동일임금' 원칙에서 출발했지만 남녀의 직무가 분리되어 있어 현실을 개선하는 데 한계가 있었으므로 직무가 다르더라도 동일한 가치의 노동일 경우 동일임금을 지급해야 한다는 원칙으로 발전하였다. 미국의 기준을 따르고 있는 우리나라의 경우에도 '남녀고용평등과 일·가정 양립 지원에 관한 법률' 제8조에서 동일가치노동 동일임금 원칙을 명시하고 있으며, 동일가치노동의 기준으로 '직무 수행에서 요구되는 기술, 노력, 책임 및 작업 조건'을 규정하고 있다. 또한 "사업주가 임금 차별을 목적으로 설립한 별개의 사업은 동일한 사업으로 본다"고도 명시되어 있다. 즉 완전히 다른 일을 하는 남성 기술자와 여성 유치원 교사도 직무의 상대적 가치가 얼마인지 계산할 수 있고 이에 따라 임금을 비교할 수 있다는 의미다.

하지만 2017년 EU 여성권리위원회가 발표한 성평등 보고서에 따르면, 여성은 남성보다 평균 16퍼센트 이상, 연금은 평균 40퍼센트 이상 적은 급여를 받는 것으로 나타났다. 2017년 OECD 보고서에 따르면 우리나라의 남녀 간 임금 격차는 37.2퍼센트였다.

#알아도 모르는 척, 궁금해도 아닌 척?

"해도 되는가 안 되는가는 저희들 스스로 생각하고 판단해야 할 문제이지 않을까요? 그걸 어른들이 맘대로 정하는 것도 저희의 권리에 대한 침해 아닌가요?"

FEMINIST

걸레잖아

　A가 전학을 갔다. 어떤 선생님도 A가 전학 간 이유를 말해 주지 않았지만, 우리들의 소문 레이더는 선생님들이 아니어도 사태를 충분히 파악할 수 있을 만큼 발달해 있었다.

　A는 1반 반장이었다. 신영이가 다른 반 친구에게 들은 바에 따르면, A가 같은 반 남자애들과 남자 반톡방을 만들어서 소위 '정보'를 주고받았던가 보다. 그 정보란 것은 야동, 야설, 그리고 그런 종류의 사진들이었다. 처음에는 인터넷에서 구한 파일들만 공유했다. 그런데 얼마 전부터는 A와 몇몇 아이들이 같은 반 여학생들을 몰래 찍은 사진들을 올리기 시작했다고 한다. 그와 함께 누구 가슴은 어떻고, 또 누구 엉덩이는 어떻고 등등 성희롱과 외모 품평 발언을 주고받았다. 특히 같은 반 B와 C에 대한 내용은 심각했던 것 같다. B와 C의 다리가 드러난 사진을 불법 촬영해서 올리고, 중학교 시절 일이라며 있는 일 없는 일 소문을 퍼뜨렸다고 한다. 더 충격적인 것은 B와 C가 친하게 지내던 남자아이들까지 태연하게 가담했다는 사실이다. B와 C의 예전 남자친구, 지금 남자친구에게서 들었다며

둘의 사적인 이야기까지 입방아에 올렸다고 한다. 오가는 이야기는
점점 심해졌다.

> 이럴 줄 알았으면 나도 한번 사귀어 볼걸.
> 일주일만 잘해 주면 바로 자 줄 거 같은데.

> 야, 한 번 자고 마는 건 몰라도 사귀는 건
> 그렇지 않냐? 걔들 완전 걸렌데.

> 먹고 버리게? ㅋㅋㅋ

　

도가 지나치다고 생각한 단톡방 남자애 하나가 메시지를 캡처
해서 친한 여자아이에게 상담했고, 곧 학교가 발칵 뒤집혔다. 충격
받은 C가 한동안 등교를 거부하고 학교폭력위원회가 열리는 등 우
여곡절 끝에, 처음 단톡방을 개설하고 B, C의 불법 촬영 사진을 직
접 업로드한 A가 강제전학 가는 것으로 사건이 마무리되었다. 같이
성희롱 발언을 한 남학생들, 다른 반까지 소문을 퍼뜨린 남학생들,
B와 C의 페북 사진을 퍼다 올린 남학생들은 처벌을 받지 않고 아무
렇지 않게 학교생활을 하고 있다. 오히려 한때는 피해자인 C가 전
학을 가려고 했다고 한다. 하지만 B가 전학을 가지 않겠다고 해서
C도 함께 남기로 했다. B와 C는 그동안 친하던 남자아이들과는 말

한마디 하지 않고 여자아이들하고만 어울린다. 둘의 사이가 더 친해졌다는 것이 그나마 다행스러운 일이었다.

다른 반에서 일어난 일이었지만, 이 일은 우리 반 여자아이들에게도 큰 영향을 미쳤다. 우리 반에도 남자 단톡방, 여자 단톡방, 게임 단톡방, 친한 아이들끼리 만든 단톡방 등 많은 단톡방이 있다. 평소에는 아무 생각도 하지 않았는데 이제는 그 안에서 무슨 이야기가 오가고 있을지 자꾸 신경이 쓰인다. 남자아이들이 스마트폰을 들여다보며 시시덕거리고 있으면 공연히 불안했다.

쉬는 시간, 교실 뒤쪽에서 들리는 소리는 또 우리를 불편하게 만들었다.

"X나, 이거 봐. 색기 있네."

"야, 이런 여자랑 딱 한 번만 자 보면 소원이 없겠다."

"이 자식은 꼭 이렇게 걸레 같은 스타일만 좋아하더라."

"야, 걸레가 뭐냐? 하다못해 룸나무 관상 정도로 순화해서 말하든가."

나는 힐끗 뒤쪽을 보았다. 민선이도 얼굴을 찌푸리고 그쪽을 보고 있었다. 무척 기분이 나빴지만 어떻게 해야 할지 망설여졌다.

사실 남자아이들이 연예인 사진이나 인터넷에서 돌아다니는 사진을 놓고 성희롱 발언을 하는 것은 전부터 늘상 있던 일이었다. 예전에는 그게 남 일이라고만 생각했다. 사진 속에서 몸매를 노출한 예쁜 여자들과 평범한 우리들은 완전히 다른 존재라고 생각했기 때문이었다. 지금 보니 하나도 그렇지 않았다.

하지만 바로 엊그제까지만 해도 상관 않고 지냈는데 갑자기 하지 말라고 항의하기도 어려웠다. 이게 항의할 일인지도 헷갈렸다.

그때 남자아이들 뒤에서 불쑥 키 큰 형체가 나타났다.

"너희들, 이쪽 보고 앉아 봐라."

이대호 선생님이었다. 늘 수업 시작 시간보다 빨리 오시는 선생님이 오늘따라 뒷문으로 들어왔고, 남자애들이 딱 걸린 것이다.

"너희들, 지금 성희롱한 것 알고 있니?"

"네? 에이, 샘! 연예인 보면서 한 이야긴데요."

"연예인한테 하면 성희롱이 아니야?"

"들리게 말한 것도 아닌데요, 뭐. 악플을 단 것도 아니고."

"나도 들었고, 반에 있던 다른 아이들도 들었는데?"

"어휴, 걔들한테 한 말도 아닌걸요."

"당사자를 직접 가리켜서 한 말이 아니면 어떤 말을 하든 괜찮다고 생각하는 거야?"

남자애들은 점점 난처한 기색이 되어 갔지만 여전히 뭐가 문제인지 잘 모르는 것 같았다. 선생님은 전략을 바꿨다.

"예를 들어 볼게. 어떤 외국인이 너희 앞에서 이런 말을 했다고 해 보자. '우리 동네에서는 한국 남자가 폭력 사건을 자주 일으킨다. 한국 남자들은 너무 무식하고 폭력적인 거 같다.' 어때? 괜찮을까?"

"그건 아니죠, 샘. 그건 인종차별이잖아요."

"자기 동네 일을 이야기한 거지 너희를 직접 두고 한 말은 아니잖아?"

"한국 남자라고 일반화를 했잖아요?"

"그래. 그럼 너희들이 한 말은 어때? 걸레다, 룸나무 관상이다. 이런 말은 무슨 뜻이니?"

"헤픈 여자 욕하는 거지 안 그런 여자들은 상관없잖아요."

이야기를 하는 동안 수업 시작 종이 쳤다. 선생님은 교탁 앞으로 가서 반 전체를 둘러보았다.

"원래는 진도 나갈 게 많지만 오늘은 너희들하고 이야기를 할 필요가 있을 것 같다."

선생님은 이제까지의 이야기 흐름을 반 아이들에게 짧게 설명한 다음 이야기를 시작했다.

"걸레는 아무하고나 성행위를 하는 여성을 비하하는 말이고, 룸나무는 나중에 성매매자가 될 사람이라는 말이지. 이런 표현이 남학생들 사이에 만연해 있다는 것을 선생님도 알고 있어. 그런데 너희는 이 말을 어떤 때 쓰니? 한 명 이상의 남성과 성행위를 한 여성, 성행위를 좋아하고 자주 하는 여성, 노출이 많은 옷을 입거나 화장을 진하게 하는 여성……. 욕하고 싶거나 깔보고 싶은 상대에게 무차별로 쓰임새를 넓혀 가고 있지는 않니? 이것도 일반화가 아닐까?"

남학생들은 조용했다.

"이 말은 누구를 대상으로 말하든 여성 전체를 일반화하는 말이야. 여자는 성경험을 여러 번 하면 무조건 부도덕한 존재가 된다고 말하는 것이나 마찬가지니까. 아까 '헤픈 여자가 걸레 소리를 듣는 것이지, 안 그런 여자들은 상관없다'는 말이 나왔지? 결국 이 말에는 여성이 원하는 대로 성행위를 하면 걸레 취급을 받게 될 것이니 최대한 성경험에서 멀어지라는 경고가 담겨 있는 거야. 룸나무란 말은 더 심하지. 성매매는 범죄고, 성매매자가 된다는 건 극심한 신분 하락이잖아? '그렇게 살면 나중에 성매매자나 될 거다'라는 아주 무시무시한 협박이지. 결국 그런 말을 큰 소리로 한다는 건, 여자아이들은 성에 대한 관심을 드러내지 말고, 성경험을 숨기고, '안 그런 여자'로 남아 있으라는 강요를 이 교실 한가운데에서 하는 거야."

아까 사진을 보던 남학생 하나가 자신 없는 목소리로 말했다.

"에이 샘, 좀 억울한데요. 저희가 뭐 그런 생각까지 하고 말한 건 아니거든요."

"원래 일반화란 그런 거야. 아무 생각 없이 가볍게 하는 말이라서 무서운 거지. 성행위를 많이 한 여자는 비난을 받는데, 성행위를 많이 한 남자는 오히려 그걸 자랑거리로 삼잖니. 여자가 성행위를 혼자 한 것도 아닌데 말이야. 성적 자기결정권은 남자와 여자가 똑같이 갖고 있는데 그걸 행사했다고 한쪽 성별만 비난한다면 어떻게 될까? 여성들이 성관계를 두려워하게 되겠지? 그건 결국 여성의 성적 자기결정권을 침해하는 결과가 되는 거야."

수영이가 손을 들었다.

"샘, 성적 자기결정권이 뭐예요?"

"성적 자기결정권이란 성행위를 할지 말지 결정하고 실행할 권리가 온전히 그 사람에게 있다는 뜻이야. 강간처럼 원하지 않는 성행위를 억지로 강요하는 것도, 자기 의지로 성행위를 하려는 사람을 억지로 막는 것도 모두 성적 자기결정권 침해에 들어간단다."

아이들이 술렁거리기 시작했다.

"어? 그럼 자고 싶으면 아무하고나 자도 돼요?"

"불륜은요?"

"애인이 있거나 결혼을 한 사람이 다른 사람이랑 성관계를 하는 것은 관계의 신뢰를 깼기 때문에 잘못인 거야. 성적 자기결정권을 행사한 게 문제가 되는 것이 아니라. 구분을 해서 생각할 필요가 있어."

"저희는 어때요? 어른들은 우리가 섹스 못 하게 하잖아요. 저희는 성적 자기결정권이 없어요?"

"너희에게도 당연히 성적 자기결정권이 있지. 하지만 그것을 자유롭게 행사해도 되는지는 고민이 필요하다고 봐. 왜 이 반에도 있었지? 누구라고는 말을 안 하겠지만 모바일 게임에다 백만 원 과금해서 부모님이 환불 받은 사람. 그거랑 마찬가지로 아직은 어른들이 불안해서 너희한테 못 맡겨 놓는 권리라고 할 수 있지."

아이들이 웃음을 터뜨렸다.

"십 대에 성행위를 해도 되는가는 논의가 더 필요한 문제야. 지금 고등학생이 투표를 할 수 있느냐를 놓고 토론을 하는 것과 비슷하지. 너희들은 어떻게 생각하니?"

민선이가 말했다.

"해도 되는가 안 되는가는 저희들 스스로 생각하고 판단해야 할 문제이지 않을까요? 그걸 어른들이 맘대로 정하는 것도 저희의 권리에 대한 침해 아닌가요?"

"오, 김민선이 웬일로……."

"의외로 오픈 마인드인데?"

남자아이들이 말했다. 나는 민선이가 평소에 여성의 권리를 이야기하는 것과 청소년의 권리를 이야기하는 게 비슷한 일이라고 생각하는데, 남자애들에게는 안 그렇게 보이나 보다. 이대호 선생님이 미소를 지었다.

"그래. 선생님도 너희들의 생각과 판단을 더 들어 보고 싶다. 그런데 너희들이 성적 자기결정권을 행사하려면, 서로의 성적 자기결정권을 존중하는 능력을 보여 줘야겠지? 오늘 나눈 얘기들을 따로따로 생각하지 말고 연결해서 생각해 봤으면 좋겠다."

십 대에
성행위를 해도 돼?

　사실 성행위는 좋은 일도 나쁜 일도 아니야. 다만 우리의 하나 뿐인 몸을 사용하는 일인 만큼 자기 자신과 상대방을 충분히 존중하고 소중히 다룰 능력이 꼭 필요해. 십 대의 성행위를 금지해야 한다고 생각하는 어른들은 너희에게 아직 그런 능력이 없다고 여기는 거지.

　또 한 가지 꼭 생각해야 할 것은 자신의 행동에 따라 발생하는 문제를 책임지고 스스로를 보호할 능력이 있느냐 하는 거야. 아기가 생겼을 때, 병에 걸렸을 때, 너희를 이용하려는 위험한 사람들과 만났을 때 등등 조심해야 할 것들이 무척 많고 아직은 사회적인 안전장치가 부족한 것도 사실이야.

그렇다고 해서 청소년에게 술이나 담배를 팔지 않는 것처럼 법으로 성관계가 가능한 특정 연령을 강제할 수 있는 영역은 아니야. 앞으로 어른들과 너희들이 함께 이야기해 볼 일이지.

　　많은 십 대들이 성관계에 대해 왜곡된 생각을 가지고 있어. 여성 청소년이 성관계를 하면 '룸나무' 같은 말로 비난하고, 남성 청소년이 성관계를 하면 "드디어 남자가 되었다"며 자랑거리로 삼는 것이 대표적이지. 하지만 말했듯이 성관계는 좋은 일도 나쁜 일도 아니야. 딱히 자랑거리도 아니지. 남자다운 것도 아니고 말이야. 남녀가 사랑을 나누는 행위가 남자다운 것과 무슨 관계가 있겠어? 남자 혼자서만 성행위를 하는 것도 아닌데 말이야.

　　성행위를 남성다운 것, 남성의 전유물로 여기는 것은 곧 여성의 성적 자기결정권을 침해하는 생각과 행동으로 이어져. 여성의 동의 없이 이루어지는 강간과 성폭력, 성관계 사실을 함부로 떠벌리고 다니는 행동 같은 것들 말이야. 이런 행동을 하는 사람들은 나이에 상관없이 성숙한 관계 능력이 없다고 볼 수 있지. 몇 살에 처음 했느냐, 얼마나 많이 했느냐보다는 얼마나 성숙한 관계를 맺었느냐가 중요한 일 아닐까?

#슬럿워크

2011년, 미국 요크 대학에서 강간 사건이 일어났다. 직후 성폭력 안전 교육을 진행하던 캐나다 경찰 마이크 생귀니티는 이런 예방책을 내놓았다.

"성폭행을 당하지 않으려면 여자들이 옷을 '헤픈 여자slut'처럼 입지 말아야 합니다."

성폭력의 원인을 피해자인 여성에게 전가하는 이 어처구니없는 발언은 즉각 여성들의 분노에 불을 붙였다. 같은 해 4월 3일, 분노한 여성 3천여 명이 토론토에 모여 시위를 벌였다. 여성들은 '내 마음대로 입을 권리', '성범죄는 가해자 책임'을 외치며 거리를 행진했다. 일부러 속옷 차림이나 노출이 많은 옷을 입고 시위에 참여하기도 했다. 시위 참가자들은 이 시위를 슬럿워크slut work라 불렀다. 슬럿은 '헤픈 여자, 노는 여자'를 의미하는 비속어이다. 성범죄는 여자의 행실 탓이라는 편견, 범죄를 피해자 탓으로 돌리는 관행에 대해 오랫동안 쌓인 분노가 폭발한 것이다.

이후 슬럿워크는 세계 여성의 공감을 얻어 시애틀, 보스턴 등 북미 주요 도시와 런던, 시드니 등 곳곳으로 퍼져 나갔다. 우리나라에서도 '잡년 행진'이라는 이름으로 이어졌다. 2011년 6월 '고려대 의대생 성추행 사건'을 계기로 여러 여성들이 고려대 정문 앞에서 1인 시위를 이어갔다. 노출이 많은 옷을 입고 "어떤 옷차림이든 성추행, 성폭력을 허락하는 건 아니다"와 같은 피켓을 들기도 했다.

이후 SNS를 통해 '잡년 행진'이 조직되었고 2011년 7월 16일 광화문 원표공원에서 시위가 열렸다.

도발적인 옷차림으로 거리를 행진하는 여성들의 모습에 우려와 비판도 있었지만 이들이 행진을 통해 전하고자 했던 것은 어떤 옷을 입어도 안전한 거리, 성폭력과 혐오가 없는 평화로운 세상을 만들자는 메시지이다.

#그들에겐 너무나 관대한 세상

남자들은 자신들의 이런 모순된 말과 행동을 "남자는 원래 다 그렇다"라는 말로 서로서로 용인해 주곤 해. 원래 그랬으니까 잘못된 것이 아니고, 앞으로도 계속 이럴 거라는 선언이지

남자들이 다 그렇지 뭐

"아주 화면을 뚫고 들어가겠네."

나는 작은 목소리로 투덜거렸다. 지금 우리 집 소파 위에는 정신 줄을 놓은 두 남자가 앉아 있다. 빨려 들어갈 것처럼 텔레비전을 쳐다보고 있는 아빠와 오빠다. 화면에서는 예능 프로그램에 게스트로 출연한 걸그룹 멤버가 현란한 춤을 선보이고 있다. 내 나이 또래의 여자 아이돌이다. 몸매가 드러나는 복장을 하고 부러질 듯한 힐을 신은 그녀는 다른 남자 출연진 사이를 이리저리 오가며 유혹하는 듯한 동작을 한다. 전부 아빠, 삼촌뻘 되는 나이의 남자들이다. 우리 집 두 남자나 텔레비전 속 남자 연예인들이나 표정은 비슷했다.

"저래도 돼? 아직 미성년자 아니야?"

내가 좀 더 큰 소리로 투덜거리자 오빠가 나를 흘깃 보았다.

"저 정도가 뭐 어때서. 요즘 미성년자 한둘 있는 걸그룹이 얼마나 많은데."

"쟤 나랑 동갑이란 말이야. 그렇게 쳐다보고 싶어?"

"몸매가 성숙하잖아. 그게 중요하지."

여전히 말이 안 통한다. 나는 조금 용기를 내서 다시 말했다.

"아빠, 만약에 내가 저렇게 아빠 나이 또래 남자들 속에서 춤을 춘다고 생각해 봐. 이상하지 않아?"

"무슨 소리야! 그게 말이 돼? 어린애가 못 하는 소리가 없어."

"근데 아빠는 왜 저런 걸 좋아하는 거야. 내 딸은 안 되고 남의 딸은 되고 그게 무슨 논리야?"

"누가 좋아해? 그냥 나오니까 보는 거지."

아빠는 말은 그렇게 하면서도 화면에서 눈을 뗄 생각을 하지 않는다. 오빠가 실실 웃었다.

"아빠한테 너무 그러지 마라. 남자가 젊은 여자 좋아하는 건 본능인데 어쩌겠냐?"

"어휴, 엄마! 오빠 말하는 것 좀 봐!"

"놔둬. 남자들이 다 그렇지 뭐."

엄마까지 무심하게 말하며 과일만 깎고 있다. 괜히 뒤통수 맞은 기분이다.

"엄마까지 그럴 거야?"

"엄마가 뭘?"

"아 좀, TV 보는데 시끄럽게."

아빠의 목소리에 짜증이 섞였다. 나는 할 수 없이 방으로 후퇴했다.

방문을 닫아도 텔레비전 소리가 따라 들어온다. 남자 출연자들

의 과장된 리액션과 감탄사, '섹시', '청순', '삼촌 팬의 마음을 뒤흔
드는' 따위의 말들이 들렸다. 답답한 마음에 스마트폰을 들었더니
민선이한테서 톡이 와 있다. 학교 이야길 몇 마디 나누다가 말을 꺼
냈다.

민선아, 너는 어디서 매번 그런 용기가 나?

응? 무슨 소리야?

매번 교실에서 남자애들한테 기분 나쁜 거 다 말하
고……. 딱딱 정리해서 시원하게 이야기하잖아. 나는
그럴 때마다 아무 말도 못 하겠거든.

아, 난 또 뭐라고. 나도 매번 말하는 거 아니
야. 타이밍 봐 가면서 영 아니다 싶을 때만
하는 거지. 그리고 너도 말 잘하던데?

난 선생님이 멍석 깔아줄 때만 하는데
너는 평소에도 할 땐 하잖아.

그랬나? 나도 사실 겁나. 매번 떨리고. 괜히
그러다 맞으면 어쩌나 걱정도 되고.

너도 그렇구나. 어휴. 서로 고생이다.

여자로 태어난 것부터가 고생이야. ㅋㅋ

이렇게 얘기해서 달라지는 게 있기는 할까? 말을 해도 애들은 맨날 그대로인 거 같아. 우리 집 사람들도 그렇고. 제일 허무한 건 그거야. 남자는 원래 그렇다고 하는 거.

맞아! 꼭 나오는 그 말.

　

민선이는 폭소하는 이모티콘을 띄웠다. 의연한 모습이 부럽기도 했지만 민선이 마음도 나와 별반 다르지 않으리란 생각도 들었다.

이모티콘으로라도 웃을 수 있다는 게 대단하다. 난 그런 말을 들으면 정말 기운이 빠지더라. 네가 뭐라고 해 봤자 우리는 바뀌지 않을 거라고 못박는 거 같아.

음. 나는 말을 할 때 걔들을 바꾸겠다고 생각하면서 말을 하지는 않아.

어? 정말?

응. 나는 그냥 '내 생각을 말하고 싶으니까 말한다!' 그 생각만 해. 걔들이 자기들 하고 싶은 소리 하니까 나도 나 하고 싶은 소리 하는 거지.

그게 스트레스는 덜 받겠다.

자연스러운 거잖아. 자기 생각 말하는 거.

그럴까. 나는 생각에 잠겼다.

생각해 보면 우리 주변엔 부자연스러운 일들이 너무 많다. 온통 남자로만 가득한 예능 프로그램, 30살 차이도 더 나는 남자 연예인 앞에서 매력을 뽐내야 하는 내 또래 여자아이 같은 것들 말이다. 그렇게 부자연스러운 걸 '원래 그렇다'고 우긴다고 해서, 그게 자연스러운 일이 되는 건 아니다. 다음엔 오빠한테 이런 말도 한번 해 봐야겠다. 오빠가 바뀌든 말든, 내가 말하고 싶으니까 말이다!

왜 TV에 나오는 여성 출연자는
남성 출연자들 앞에서 춤을 추는 거지?

그래, 나도 그게 정말 궁금해. 왜 많은 여성 출연자들이 남자들 틈에서 춤을 추어야 하는지 말이야. 물론 남자 아이돌들도 춤을 추지. 하지만 그들은 춤을 추면서 애교를 부리지도 않고 여성 출연자 사이를 돌아다니지도 않지. 유독 여성 출연자들만이, 여럿의 남성 출연자들 사이에서 춤을 추고 돌아다녀. 누가 가르친 것이 아닐까 싶을 만큼 비슷한 표정과 몸짓으로.

더구나 이들에게 요구되는 역할은 그것만이 아니야. 춤이 끝나면 이제까지 지켜보면 남성 출연자들은 갑자기 오빠 행세, 어른 행세를 하면서 여성 출연자가 어리고 귀여운 모습을 보여 주기를 은근히 유도하지. 순진하고 청순한, 아무것도 모르는 어린

아이라는 걸 확인시켜 달라는 듯이 말이야.

　이쯤 되면 도대체 어른 남자들이 원하는 여성의 모습이란 무엇인지 모르겠어. 여성이란 세상 물정과는 전혀 상관없이 순수하고 때 묻지 않은 존재이면서, 동시에 남자가 가만히 있어도 그들을 유혹하고 성적인 매력을 보여 주는 그런 존재이길 바라는 것 같지. 이렇게 모든 매력을 다 가진 비현실적인 존재가 되어야 연예계의 극심한 경쟁 속에서 살아남을 수 있는 것인가 하는 생각도 들고 말야. 또한 그들은 여성이 성적 매력을 보여 주길 원하면서도 내 가족, 내 연인은 절대 그래서는 안 된다는 이중적인 태도를 보이기도 해.

　듣다 보면 말이 안 되는 이야기들이지? 하지만 남자들은 자신들의 이런 모순된 말과 행동을 "남자는 원래 다 그렇다"라는 말로 서로서로 용인해 주곤 해. 원래 그랬으니까 잘못된 것이 아니고, 앞으로도 계속 이럴 거라는 선언이지. 글쎄, 그게 과연 사실일까?

FEMINIST

#롤리타 콤플렉스

소아성애를 다룬 블라디미르 나보코프의 소설 『롤리타』는 1955년에 처음 출판된 이래 지금까지 끊임없는 논란과 찬사를 함께 받고 있는 작품이다. 12세 여자아이 돌로레스 헤이즈에게 왜곡된 욕망을 품는 중년 남성 험버트 험버트의 행각을 그려냈다. 파격적인 소재로 소송에 휘말리기도 했지만 유려한 문체와 몰입성 있는 묘사로 문학성을 인정받았고, 타임 선정 '20세기 100대 영문소설', 르몽드 선정 '세기의 명저 100', 모던라이브러리 선정 '20세기 100대 영문학'으로 뽑히며 여전히 널리 읽히고 있다. '롤리타'는 작품에 등장하는 돌로레스 헤이즈의 애칭으로, 독자에게 강렬한 인상을 남기면서 성인이 소아 여성에게 이상성욕을 갖는 것을 지칭하는 '롤리타 콤플렉스'라는 단어를 탄생시키기에 이르렀다.

원래 롤리타 콤플렉스는 극히 일부의 이상성욕자만이 느끼는 병적인 욕망이었다. 하지만 어린 여성에 대한 성 상품화가 미디어를 통해 확대 재생산되면서, 롤리타 콤플렉스는 점점 대중문화의 일부가 되어 가고 있다. 많은 미디어에서 어린아이 같은 차림을 한 여성이 성적 어필을 하는 모습이 소비되며, 이는 또다시 여성 미성년자를 성적 욕망의 대상으로 끌어들인다. 이러한 소아성애적 콘텐츠는 비난의 대상이 되면서도 대중에게 적극적으로 소비되고 있다.

우리나라에서는 가수 아이유가 여러 번에 걸쳐 로리콤 논란을 일으켰다. 아이유는 어리다는 것을 강조하는 가사, 젖병과 크레파스 등 유·아동을 연상시키는 소품, 유치한 화장이나 복장 등을 성적인 어필과 혼합하여 노출함으로써 많은 비판을 받았다. 롤리타 이미지의 소비는 성적인 코드와 그렇지 않은 코드를 혼동하게 하고, 실제 아동에 대한 성적 대상화를 부추긴다는 측면에서 지양될 필요가 있다.

#모두를 위한 페미니즘

페미니즘은 여성의 입장에서뿐 아니라 남성의 입장에서도 남자다워야 한다는 강박으로부터 자유로워질 수 있는 배움 이야. 남자냐, 여자냐 하는 성별의 문제를 떠나 자유로운 한 인간으로 살아가기 위해 페미니즘 한번 배워 보지 않을래?

FEMINIST

개념 있어서 좋아!

올해 마지막 '나쁜 페미니스트' 모임을 가졌다. 길지 않은 시간이었지만 성공적인 모임이었다고 생각한다. 우리는 페미니즘 책도 읽고 일상에서 일어나는 차별이나 혐오에 대해서도 이야기해 보았다. 모임에 오는 친구들도 처음보다 늘어났다.

초반에는 우리 활동을 못마땅해 하시는 선생님이나 학부모 들의 항의 때문에 난처해지기도 했다. 솔직히 학생들이 페미니즘 이야기를 하면 안 된다고 생각하는 선생님이 있다는 데는 깜짝 놀랐다. 그래도 이대호 선생님이 설득한 덕에 모임을 계속할 수 있었다. 다행이라는 생각이 들면서 찜찜한 마음도 지울 수 없었다. 다른 학교에서 여자 선생님이 페미니즘 수업을 하다가 민원 때문에 활동을 중단했다는 이야기를 들은 적이 있기 때문이다.

혹시 우리는 이대호 선생님이 남자라서 더 쉽게 인정을 받은 건 아닐까? 페미니즘은 여자를 위한 건데, 왜 페미니즘마저 남자가 더 유리한 걸까? 이대호 선생님이 아니었다면 어쩌면 나페 모임은 진작 끝났을지도 모른다. 한 대학에서 페미니스트의 강연을 기획하고 진행한 학생들이 징계를 당했다는 기사도 본 적이 있다. 요즘 세상에 참 시대착오적이라고 혀를 차다가도 남의 일이 아니라는 생각에 혹 정신이 든다. 요즘 세상이나 옛날이나 남자 중심의 사회인 것은 변하지 않았다.

"마지막 시간인데, 하고 싶은 이야기 있어?"

우철이의 말이다. 나는 출력해 온 기사를 꺼내 놓았다.

"오늘 신문에서 본 내용에 대해 이야기하고 싶어."

"뭔데?"

"남자애들이 여학생들보다 기초 학력이 떨어진다는 기사였어. 우리나라뿐 아니라 세계적인 추세래. 기사에 따르면 여학생들이 교실에 적응하는 능력도 좋고 스스로 통제하는 능력도 높아서 학력 격차가 나는 거래."

"근데 이 기사가 왜?"

"기사도 그렇지만 댓글 보다가 아주 속이 터지는 줄."

"왜?"

"시험이 여학생들에게 유리하게 출제되어서 그런 거라는 둥, 앞으로 남자애들은 여자애들한테 빌붙어 살 시대가 왔다는 둥 여학생들의 학업 성취가 높은 거에 대해서 불만 섞인 목소리가 많더라고. 만약 남학생들이 더 잘했다면 과연 이런 반응을 보였을까 싶을 정도로 말야."

나의 이야기가 끝나자 맞은편의 현수가 손을 들었다.

"사실 시험으로만 측정되는 학업 성취도라는 게 의미가 있나 싶기도 하지만 그건 둘째 일이고. 남자들 입장에서는 입지를 빼앗기는 게 두려운 것 아닐까?"

민선이가 흥미 있다는 듯 묻는다.

"남자들의 입지? 어떤 의미야?"

"어찌 되었든 지금까지는 남자들이 더 많은 직업에서 우위를 차지했고 돈도 더 많이 벌었지. 그러면서 그 이유로 남자들이 더 능력이 있다는 이유를 들었단 말이야. 물론 학력도 포함해서. 그런데 점점 능력 차이가 좁혀지고 돈도 잘 벌고 사회적으로 성공하는 여성들이 자꾸 등장하는 거야. 일자리는 한정되어 있고. 남자들 입장에서는 불안하지 않겠어? 학교라는 공간에서도 마찬가지지. 우리 학교만 봐도 전교에서 공부 잘하는 애들은 거의 여자애들이잖아. 남자애들 부모 입장에서는 불안하고 맘에 안 드는 거지."

"헐, 그게 말이 되냐? 자신이 불안하다고 해서 상대방의 능력을 평가 절하한다는 게."

"그건 그렇지만 그런 마음도 있을 거라는 거야."

"이런 기사가 나오는 것 자체도 생각해 볼 일 아닐까? 예전에 남자들이 더 대학 많이 갈 때는 그건 기삿거리도 아니었을 거 같은데."

승아가 말했다. 나는 프린트를 펼쳐서 친구들에게 보여 주었다.

"나도 그런 생각을 했어. 기사의 헤드라인이 '수학까지 여학생

우세…… 남학생 성적, 세계의 고민거리'였거든. 제목만 보더라도 남학생 성적이 여학생보다 낮다는 게 문제라는 인식이 드러나. 세계의 고민거리가 될 만큼 말야. 기사 자체에 남학생이 여학생보다 우세한 게 정상이라는 편견이 담겨 있는 것 같아. 그래서 이 이야기를 해 보고 싶었어."

거기서부터 우리는 더 생각나는 이야기를 자유롭게 나누었다. 성별의 불균형이 당연한 것처럼 여겨지는 일이 있고, 문제라고 여겨지는 일이 있다는 것, 그 두 가지는 어떤 차이인지 등등 많은 이야기가 나왔다. 주제는 내가 꺼냈는데 나중에는 내가 생각도 못 한 화제나 관점도 많이 나왔다. 나페 모임의 좋은 점 중 하나다.

교실을 나오는데 1학년 남자아이가 수줍게 나를 불렀다.

"누나, 저 1학년 승범이에요."

"어?"

"저는 누나가 개념 있어서 너무 좋아요."

"아……."

말을 잇지 못하는데 내 어깨를 민선이가 툭 치며 다가와 승범이에게 말했다.

"승범아, 누나 개념이 너 좋으라고 있는 건 아니야. 계속 나페 할 거지? 우리 앞으로도 쭉 같이 공부해 보자."

나페 안에서나, 밖에서나, 아직 갈 길이 멀긴 하다. 어쨌든 우리는 계속 같이 공부할 수 있다.

학교에서는 왜 페미니즘을
가르치지 않아?

좋은 질문이야! 안전교육, 성교육, 경제 교육, 인터넷 중독 교육…… 정말 많은 교육을 하는데 왜 페미니즘은 가르치지 않을까? 우선은 가르쳐야 하는 것이라고 생각한 사람이 많지 않았기 때문일 거고, 무엇을 가르쳐야 할지 아는 사람도 많지 않기 때문 아닐까?

"남녀차별 나쁜 거지"하고 말은 하지만 남녀차별에 대해서 공부해 보자고 하면 "그런 게 굳이 학교에서 필요한 거야?"라고 나오는 사람도 많아. 이런 사람들은 대개 학교 안에 차별이 있다는 것조차 모르기도 해. 여자애들이 "다리를 오므리고 앉아라", "단정하게 교복을 입어라", "깔끔하게 하고 다녀라" 등의 말을 든는 동안 남자애들은 "실컷 움직여라", "많이 먹어라", "공부를 열심히 해야 와이프 얼굴이 바뀐다" 등의 말을 듣는 것도 이상하다고 생각하지 않아. 학교 밖 차별을 당연하게 생각하니까, 학교 안에 학교 밖의 가치관이 고스란히 녹아 있어도 눈에 띄지 않는 거지.

페미니즘이란 생각 자체에 반발하는 사람도 많아. 학생들 중에도 많지. "남자랑 여자가 다르지 같아? 그리고 남자는 뭐 편한 줄 알아? 왜 안 좋은 거는 여자라고 쏙 빠지면서 자기 편할 때만 페미니즘 타령이야?" 하고 화를 내는 남학생들을 흔히 봤을 거야.

하지만 남자들이 받는 부담도 대부분 성차별을 바탕으로 만들어진 것이 많아. "남자는 울면 안 돼", "남자는 상황을 통제해야 해", "남자는 여자를 보호해야 해" 같은 굴레들. 그러니까 페미니즘은 여성의 입장에서뿐 아니라 남성의 입장에서도 남자다워야 한다는 강박으로부터 자유로워질 수 있는 배움이야.

남자냐, 여자냐 하는 성별의 문제를 떠나 자유로운 한 인간으로 살아가기 위해 페미니즘 한번 배워 보지 않을래?

FEMINIST

#생존회로

글로벌라이제이션globalization, 다른 말로 지구화 혹은 세계화라고도 한다. 전 지구를 경제·정치·기술·문화적으로 단일한 하나의 체제하에서 통합하려는 과정이다. 이때 단일한 체제란 자본주의를 말한다.

처음에 사람들은 지구화를 통해 자본과 물건, 사람이 공간와 시간의 제약 없이 오가고 모든 지역이 장소와 거리의 제한을 극복하고 소통할 수 있을 것이라고 긍정적으로 전망했다. 하지만 실제 세계화는 주로 거대 자본이 세계 곳곳으로 이동하여 막대한 수익을 긁어모으는 데에 기여하였다. 다국적(초국적) 기업들이 노동력이 싼 지역에 공장을 세우고 싼값으로 상품을 만들어 세계에 판매하여 이익을 최대화하는 것이 대표적인 예이다. 빈곤 지역 사람들은 기업에 낮은 가격으로 노동력을 제공할 뿐 오히려 발전할 기회를 빼앗긴다. 이익은 전부 기업이 가져간다. 결과적으로 세계화·지구화를 통해 이익을 보는 이들은 이미 거대 자본을 쌓아놓고 이를 투자하는 상위 계층 사람들인 셈이다.

'세계 도시' 이론을 주장한 도시사회학자이자 여성학자 사사키아 사센은 지구화를 설명하는 데 '회로' 개념을 도입했다. 지구화를 통해 이익을 누리는 이들은 상위 회로에 해당되는 소수이다. 반대편에 있는 '생존회로'는 말 그대로 생존을 위해 노동해야 하는 글로벌 경제의 하층부 사람들을 말한다. 이들은 저임금과 불안정한 삶의 조건을 그대로 수용할 수밖에 없다.

이들은 대부분 유색 인종 이주자들이거나 여성들이다. 그리고 이들 여성 대부분이 비정규 노동이나 성매매, 타인의 가사와 육아 등을 대신해 주는 일에 종사하면서 여성이 할 수 있는 노동의 범위가 계속 한정되고 고착화된다. 한 사회의 경제가 발전하면서 여성의 사회 진출이 늘어나도, 빈곤국의 여성 노동자들이 가사도우미, 육아도우미, 비정규직 노동, 매매혼, 대리모 시장 등에 투입됨으로써 사회의 성역할이 변화하지 않는 것이다.

세계화가 처음 시작되었을 때 우리는 세계가 국경을 허물고 자유롭게 왕래하며 더 평등한 사회로 발전할 수 있으리라 생각했다. 하지만 실제 세계화가 자유롭게 왕래를 허락한 것은 자본이었을 뿐 사람은 아니었다. 그 결과 생존회로를 구성하는 노동자들은 불법 체류자로 전락하는 등 오히려 인권의 하락에 직면하고 있다. 서구와 주변국, 남성과 여성, 유색인과 백인의 갈등은 여전히 진행 중이다.

#함께할 때 더 빛나는 것

모두가 하고 싶은 말을 하고 하고 싶은 일을 할 수 있을 때까지. 그게 내가 지금 하고 싶은 일이다.

여자들은 세상일에 관심이 없어

"연수 너는 저런 프로가 재밌냐?"

"어? 재밌는데. 왜?"

"여자들이 밥 먹으러 돌아다니고 쇼핑이나 하는 저런 게 뭐가 재미있어? 저게 다 광고라고. 그리고 저런 게 너 사는 거랑 무슨 상관이 있어."

아빠는 소파에 앉으면서 다짜고짜 딴죽을 건다.

"재밌는데 왜 그래? 아빠도 예능 프로그램 많이 보잖아. 그거하고 뭐가 달라?"

"그거는 다르지. 사람 사는 이야기가 있잖아."

"이것도 사람 사는 얘기야."

솔직히 나는 뭐가 다른지 모르겠다. 차이라면 아빠가 보는 프로그램엔 남자들만 나오고, 내가 보는 프로그램엔 여자들도 많이 나온다는 것뿐이다. 들어 보면 다 공감 가는 이야기인데 아빠는 제대로 보지도 않고 저런 말부터 던진다.

"꼬박꼬박 말대답이나 하기는. 여자들이 저런 거나 보니까 돈이

나 쓰고 싶어 하고 머리에 든 게 없어지지. 세상 돌아가는 데도 관심을 좀 가져야 할 것 아니야?"

"헐, 아빠 딸 세상 돌아가는 데 얼마나 관심 많은데요."

"아이고, 우리 딸이 그랬어? 그래, 무슨 문제에 관심이 많은데?"

나는 심호흡을 하고, 어느새 아빠 뒤에 서 있는 엄마의 눈을 슬쩍 피하면서 대답했다.

"페미니즘."

아빠는 잠시 멍한 표정을 짓더니 말했다.

"페미니즘? 그거 옛날에 운동권 여자들이나 하던 거 아니야? 요즘 같은 시대에 무슨 페미니즘이야."

"아빠야말로 무슨 소리야. 요즘 페미니즘이 얼마나 핫한데. 아빠는 뉴스도 안 봐? 미투 운동이라든가."

아빠는 잔뜩 못마땅한 표정을 지었다. 요새 연일 매체에서 다뤄지는 미투 운동은 아빠가 괜히 불편해하는 주제다. 딱히 반대한 적은 없지만, 뉴스에 미투 이야기가 나올 때마다 아빠가 슬쩍 채널을 돌린다는 걸 우리 식구들은 다 안다.

"미투는 뭐, 그, 파렴치범 같은 놈들 잡으라고 하는 거고. 그게 왜 페미니즘이야?"

"그것도 페미니즘이지. 여성 권리에 대한 건 다 페미니즘에 들어가."

"요즘 세상에 여자들이 권리를 운운하냐? 여자들 세상 아니야?"

뒤에 서 있던 엄마가 어느 새 아빠 옆에 다가와 얼른 말을 받았다.

"여자들 세상이긴 뭐가 여자들 세상이야. 정치인도 남자가 훨씬 많고 회사 임원들도 남자들이 훨씬 많은데. 어쩌다 한둘 어지가 높은 자리에 앉으면 시끌버끌하게 얘기하지."

뜻밖의 엄마 반응에 아빠가 좀 머뭇거리다 말했다.

"그거야 여자들이 사회 활동을 진득하게 하질 못하니까 그렇지. 여자들이 정치를 알기는 해? 그리고 여자들이 정치하면 집안은 누가 돌봐?"

나는 그 틈을 타 아빠에게 대답했다.

"여자들은 정치를 모른다, 집안은 여자가 돌봐야 한다 같은 생각을 바꾸자는 거야. '여자니까, 남자니까' 하는 말이 왜 필요해? 그리고 여성이나 남성뿐 아니라 성소수자들도 평등하게⋯⋯."

심장이 두근두근 뛰어서 말을 마무리하지 못했다. 그동안 나페 모임에서 이야기 나누었던 것을 다 말해 보고 싶었지만 여전히 머릿속에서 아는 것을 말로 표현하는 일은 쉽지 않다. 얼버무리고 있는 나 대신에 엄마가 말을 이어갔다.

"우리 연수가 살아갈 세상은 조금 더 나아져야죠. 우리 연수뿐 아니라 누구라도 다 소중한 자식이고 사람인데 차별을 받으면 안 되잖아요."

"둘이서 작당을 했나, 갑자기 왜 이래? 여자들이 무슨 차별을 받았다고 이 난리야?"

아빠는 화가 난 게 아니라 정말 이해하기 어렵다는 표정이다. 그래도 말이 길어지면 바로 버럭 화를 내던 것에 비하면 아빠도 조금 달라진 걸까. 나는 용기를 내서 말했다.

"알고 보면 많다니까. 요즘 제일 핫한 주제인데 아빠도 공부해보면 어때? 아빠는 세상일에 관심도 많으니까……."

"됐다. 별……."

아빠가 퉁명스럽게 거절하는데 언제 가져왔는지 엄마가 책 하나를 아빠한테 슬쩍 건넸다.

"의외로 볼 만해요. 우리 젊을 때하고는 얘기하는 게 많이 다르더라고. 안 바쁠 때 한번 보든가."

나페 모임에서 읽었던 페미니즘 책이었다. 책상 위에 뒀는데 요즘 안 보인다 했더니 엄마가 보고 있었나 보다.

"나도 봤는데 잘 썼더라고요."

그제야 나는 요즘 엄마에게 생긴 변화의 이유를 눈치 챘다. 요즘은 엄마와 자연스럽게 페미니즘 이야기를 하곤 했다. 그리고 엄마는 오빠에게 평소에 그렇게 자주 하던 '네가 남자니까' 따위의 말을 하지 않게 되었다. 나에게도 '여자니까' 같은 말을 하지 않았다. 아빠의 말이나 행동에 대해 이야기하는 횟수도 늘었고 '가정의 평화'를 위해 나를 설득하는 횟수도 줄었다. 아빠는 엄마가 갱년기로 짜증이 늘었다고 생각했지만 사실은 그게 아니었던 거다.

아빠는 여전히 못마땅한 표정으로 책을 받아들어 거실 탁자에

내려놓았다. 하지만 안 보겠다거나 그런 말을 하진 않았다. 혹시 아빠도 엄마처럼 변할 수 있을까? 아빠는 책을 읽지 않을 수도 있고 어쩌면 몇 장만 읽다가 화를 낼지도 모른다. 하지만 엄마가 변하기 시작한 만큼 아빠도 계속 그대로 있을 수 없다는 것은 분명해 보인다.

엄마는 첫걸음을 떼는 중이다. 참던 것을 더는 참지 않는 것에서 시작해서, 이제는 하고 싶은 말을 하는 것으로. 언젠가는 내가 내심 바라듯 엄마가 하고 싶은 것을 찾아 원하는 대로 살지도 모른다. 어쨌든 엄마는 노력하고 있다. 좀 전의 엄마 말처럼 내가 앞으로 살게 될, 그리고 엄마도 함께 살아갈 세상을 위해서.

물론 나도 계속 말하고 행동할 거다. 엄마를 위해, 나를 위해. 민선이나 정아나 또 앞으로 만나거나 만나지 않을 수많은 사람들을 위해. 모두가 하고 싶은 말을 하고 하고 싶은 일을 할 수 있을 때까지. 그게 내가 지금 하고 싶은 일이다.

여자들은 정치나 세상일에
관심 없는 거 아니었어?

왜 그런 생각을 하게 됐어?

명절에 남자 어른들은 정치나 경제 이야기를 하고, 여자 어른들은 아이 키우는 이야기를 하고 있어서? 아니면 텔레비전의 시사 프로그램은 대부분 남성이 진행하고 여성들은 패션이나 요리, 생활정보 프로그램에만 모습을 보여서?

그런데 한번 생각해 보자. 정치와 경제는 세상일이고, 아이 키우는 것은 세상일이 아니라는 생각은 어디서부터 왔을까? 여자들이 패션과 화장 이야기를 많이 하게 된 것이 먼저일까? 아니면 여자라면 당연히 꾸미고 아름다워져야 한다는 생각이 먼저일까?

왜 프로그램에 따라 출연자 성별이 다른지도 생각해 보지 않을래? 남성들만이 시사 문제를 다룰 능력이 있어서일까? 아니면 방송 제작자와 시청자 들이 그렇게 생각하기 때문일까?

우리는 우리가 본 것을 바탕으로 판단하고 그 판단에 따라 행동하지. 그러면 우리 행동을 보고 다른 사람도 다시 판단을 해. 한번 어떤 생각이 만들어지면 그 생각은 끊임없이 전파되며 영향을 미쳐. 닭이 달걀을 낳고 달걀에서 닭이 나오는 것처럼 말이야. 이런 것을 재생산이라고 해.

성차별이 쉽게 없어지지 않는 것은 우리 스스로가 성차별을 재생산하기 때문이야. 오랫동안 남자가 정치를 하는 것을 보면서 사람들은 정치란 원래 남자가 하는 것이라고 여기게 되지. 여자가 살림을 하는 가정을 줄곧 본 사람들은 식구들을 돌보는 것이 여자의 최우선적 의무라고 생각하게 되고 말이야. 여성이 정치인으로 선출되기가 힘들어지고 혹 되더라도 '이변', '파격적인' 등의 수식어와 함께 소개돼. 그러면 안 되는 거지만 '특별히' 허락한다는 것처럼. 애써서 중요한 위치를 맡게 되면 이번에는 여성으로서의 역할에 대한 검증이 시작되지. 지난 미국 대선에서 대선 후보 힐러리는 남편 클린턴의 와이셔츠를 다려 주니 마니 하는 논란에 휩싸였고, 독일 언론은 수상인 메르켈이 수수한 복장으로 마트에서 장을 보는 모습에 찬사를 보내면서 한 나라의 수상이기 이전에 한 가정의 주부로서의 성역할이 중요함을 뚜렷하게 확인시켰지. 남성의 일인 정치에 여성이 끼어들고 싶다면 먼저 여성으로서의 역할을 충실히 해낼 것을 요구하고 있는 거야. 남자 정치인들의 들러리로 남거나, 정 하겠다면 가정에서의 역할까지 완벽하게 수행하는 슈퍼우먼이 되라고 하는 거지.

남자와 여자가 같이 활동하는 직업에서도 마찬가지야. 방송에서 중요한 보도를 남자 아나운서들이 도맡다 보면 시청자들은 남자 아나운서가 하는 말이 훨씬 중요하고 신뢰할 만하다고 여기게 돼. 그러다 보니 열심히 노력해서 어렵게 방송사에 들어간 여성 아나운서들은 주요 뉴스를 소개한 남자 아나운서의 뒤를 이어 작은 사건, 사고를 보도하거나, 화장법이나 패션, 육아, 살림법 등의 프로그램을 진행하게 되지. 마치 그것이 아주 합당한 이유가 있는 일인 것처럼 말이야.

혹시 우리가 계속 그렇게 만들고 있는 건 아닐까? 그러니 어떤 결론을 짓기 전에 다시 한 번 생각해 볼래? 우리가 당연하게 하는 행동은 어디에서 왔을까? 우리 생각은 어디에서 왔을까?

#미투 운동

2017년 10월 『뉴욕 타임즈』는 할리우드의 거물 영화 제작자인 하비 와인스타인 스캔들을 보도했다. 그가 영화계에서의 자신의 지위를 이용해 여성 수십 명을 성적으로 괴롭혔다는 내용이었다. 이후 안젤리나 졸리, 기네스 펠트로, 레이디 가가 등 유명 연예인들의 폭로가 잇따랐고 가수이자 배우인 엘리사 밀라노는 '나 역시 피해자였다'는 의미의 해시태그 '#me too'를 붙여 성폭력 피해 경험을 고백하는 미투 캠페인을 시작했다.

이를 시작으로 수많은 성폭력 피해 여성들이 해시태그를 붙이며 각자의 피해를 고발했다. 더불어 할리우드 배우·작가·감독·프로듀서 등으로 구성된 300명은 '타임스 업Time's up'이라는 단체를 결성하여 할리우드는 물론 여성 블루칼라 노동자들이 몸담고 있는 직장에서의 구조적인 성폭력과 불평등에 맞서기로 했다. 『뉴욕 타임스』와 스페인어 신문 『라 오피니온』에 전면광고를 게재하며 시작된 이들의 움직임에는 와인스타인의 성추행을 고발한 애슐리 저드와 리스 위더스푼은 물론 에바 롱고리아, 나탈리 포트먼, 엠마 스톤 등 톱스타들이 대거 참여했다. 지난 75회 골든글로브 시상식에서는 #me too 운동과 타임스 업에 대한 연대와 지지의 의미로 배우들이 검은색 드레스를 입기도 했다.

이러한 고발은 세계 전체에서 일어나고 있다. 우리나라에서도 미국보다 한 발 먼저 고발이 시작되었다. 2016년 김현 시인은 계간 『21세기 문학』 가을호에

기고한 「질문 있습니다」란 작품에 "어디서 뭘 배웠기에 문단에도 이렇게 XX 새끼들이 많을까요?"라며 남성 문인들이 여성 문인들을 비하하거나 성적으로 대상화한 사례를 열거했다. 이후 트위터 등에서 '#문단_내_성폭력'이라는 해시태그와 함께 성폭력을 당했다는 고발이 이어졌다. 문단뿐 아니라 영화계, IT업계 등 다양한 분야에서 '#XXX_내_성폭력' 해시태그로 여성 인권 논의가 진행되었다.

인터넷을 중심으로 퍼져 나가던 목소리는 2017년 1월, 창원지검 통영지청 서지현 검사가 검찰 내부 통신망 이프로스에 8년 전 당한 성추행에 대한 글을 올리면서 더 크게 번져 나오기 시작했다. 서지현 검사는 JTBC에 출연하여 성추행을 덮으려는 검찰 내 조직 문화를 이야기하면서 국내 미투 운동을 촉발했다. 서 검사의 고백은 법조계를 넘어 정치권, 문화계, 예술계 등으로 확산되어 그동안 말하지 못했던 피해 여성들의 고백, 고발, 고소를 이끌어 냈다.

#me too는 권력으로써 피해자를 침묵시키던 남성들에게 더 많은 이들의 연대로 저항하는 움직임이다. 연대의 물결은 지금도 이어지고 있다.

나는 페미니스트가
되기로 했다

"페미니즘을 다룬 책은 많다"라는 문장으로 글쓴이의 말을 시작하려다, '정말인가?'라는 의문과 마주한다. 그 많은 문학 작품, 그 많은 사회학서, 그 많은 철학과 과학 책들 사이에서 페미니즘 도서가 흔해진 것은 불과 얼마 전부터 아닌가? 나의 청소년기, 내가 대학을 다니던 시절 그리고 결혼할 즈음, 그 오랜 시간 동안 나는 페미니즘에 관한 책을 그리 만나 보지 못했다. 그 시절 페미니즘은 그저 먼 존재였다. 내 일상과는 상관없는 저 먼 나라 이야기, 도서관에서나 만날 수 있는 딴 세상 이야기이자 동시에 알면 안 될 것만 같은 나라의 이야기이기도 했다. 그런 내가 감히 페미니즘에 대한 책을 썼다.

나는 직업 특성상 청소년들을 주 5일 만난다. 그들은 쉬는 시간과 수업 시간을 가리지 않고 늘 얘기한다. 나는 원하지 않아도 그들의 청자가 되는 경우가 많다. 그리고 아이들이 차분하든 조용하든 흥분되어 있든, 수시로 나는 '엄창, 씨발년, 좆'을 들어야 한다. 내가 지금까지 거쳐 온 다섯 개의 학교 모두에서, 중1에서부터 고3까지 모든 학년에서, 심지어 내가 학교를 다니던 무렵부터 지금까지 수십 년이 넘는 시간 동안 이들의 욕은 진화도 발전도 없이 늘 제자리였다. 그리고 나는 예전부터 지금까지 늘 불편하다. 단지 욕을 들어서가 아니다. 이 욕들이 성차별과 혐오의 의미를 담고 있기 때문이다.

학교라는 공간 안에도 차별과 혐오, 폭력은 넘쳐난다. 언젠가부터 나처럼 불편함을 참는 수많은 아이들의 모습이 보이기 시작했다. 혐오와 폭력의 말들이 여과 없이 나오는 교실에서 이를 악물고 참는, 연필을 꽉 잡고 연습장에 낙서를 하는 아이들을 발견했다. 아이들 역시 항상 나와 함께 불편했음을 뒤늦게 알았다.

한번은 매년 받는 강의 평가서에 한 아이가 "선생님이 페미니스트여서 좋아요"라고 적었다. 나는 그 문장 앞에서 멈칫했다. 많은 페미니스트들이 고백했듯 나 역시 스스로 한 번도 페미니스트라는 생각을 해 본 적이 없었기 때문이다. 하지만 나는 페미니스트가 되기로 했다. 그간 내가 한 일이라곤 "우리 반에 여자 없어요", "솔직히 여자는 얼굴이 최고 아니에요?", "여자애들이 나대면 재수 없죠!", "여자애들은 군대 안 가잖아요!" 등등의 말에 정색하며 지적을 하고 문제를 들춘 정도였다. 고작 그것만으로도 페미니스트가 될 수 있다면 페미니즘은 어려운 게 아니라고 생각했다.

　매 학기 아이들이 직접 주제를 정하고 말하기를 진행하는 평가를 한다. 이때 한두 명 정도는 페미니즘을 주제로 삼는다. 최근에는 새롭지 않은 주제이기도 하고 대부분 여학생들이 선택하는 주제이기 때문에 대강 어떤 내용으로 진행될지 예상이 되기도 한다. 하지만 지난 학기는 달랐다. 한 아이는 "남성이 여성보다 임금을 더 받는 것은 당연하다. 지금의 페미니즘은 변질되어 있다"고 주장했고 (이 학생은 여학생이었다!) 다른 한 아이는 매체가 여성을 다루는 방식을 비평하기 앞서 "신생님, 페미니즘을 말하려니까 떨려요"라고 말했다. 그날 나는 다시 한 번 멈칫했다. 내가 있는 교실이 어떤 곳인지 느껴야만 했기 때문이다. 페미니즘을 들어 보긴 했지만 한쪽 입장만 대변하며 균형을 잃어버렸거나 페미니즘 선언을 할 때 심리적으로 압박을 느껴야 하는 분위기가 공존하는 곳, 그곳이 바로 내가 있는 교실이었다.

　나는 이 아이들에게 무엇인가 이야기해 줘야 했다. 아이들의 생활 속에도 무감각하게 존재하고 있는 차별과 혐오, 폭력에 대해서 말이다.

　물론 이 책이 그 모든 것을 이야기하고 있지는 못하다. 하지만 말하고 싶어도 들어줄 이를 찾지 못해 침묵하고, 무엇이 문제인지도 몰라서 침묵하는 아이들에게 조금이라도 설명할 수 있는 말을 제시해 줄 수는 있으리라 기대해 본다. 어른이 되어서 생각을 바꾸

기란 정말 어렵지만 청소년 시절에는 조금 다를 수 있지 않을까 하는 기대감도 가지고 있다. 이 책을 읽고 서로의 세계를 조금 더 이해하는 계기가 된다면, 그동안 가지고 있던 생각을 내어 놓고 함께 논쟁하고 이야기하고, 조금이라도 달라질 수 있다면 정말 좋겠다는 바람도 있다. 왜냐하면 남성과 여성 청소년들은 앞으로도 쭉 함께 이 세상을 살아가야 할 인간들이기 때문이다. 비난이나 소유, 지배와 통제의 대상이 될 수 없는 인간으로서의 평등한 삶을 살아가길 바라기 때문이다.

내가 생각하는 페미니즘은 남성과 여성 이전에 인간에 대한 존중, 이해, 배려라는 지극히 상식적인 일들을 의미한다. 이 모든 것은 결국, 상대방의 의견을 포용하고 인정하고 논쟁할 수 있는 용기와 사랑으로 가능하다고 믿는다.

이 글에 등장하는 몇몇 사건이나 인물이 극단적이라고 느끼는 이들도 있을 수 있다. 하지만 이보다 더한 경우들이 항상 우리 곁에 존재하고 있음을 기억해 주었으면 한다. 매스컴에 보도되는 범죄만이 아니다. 우리가 인식하지 못하거나 어쩔 수 없는 것이라고 넘어가는 동안 평범한 일상 속에서도 별별 일이 다 벌어지는 것이 삶이다.

특별히 이 책은 홍덕고등학교 김서진, 김서현, 김수지, 소정현, 양수진, 이유진, 장희경의 도움이 없었다면 나올 수 없었다. 나의 이야기에 귀 기울여 주고 질문에 답해 주고 자신들의 경험을 솔직하게 털어놓아 준 이들의 이야기에 이 책은 빚지고 있다. 늘 나의 원고에 덥석 손잡이 주는 김혜선 대표에 대한 고마움을 한 줄로 표현하기 어렵다. 그래도 고맙다는 마음을 꼭 전하고 싶다.

내겐 세상에서 누구보다 귀한 두 아들이 있다. 나는 이들이 페미니스트로 살아갈 수 있도록 가르치는 일이 내가 해야 하는 일 중 하나라고 믿는다. 동시에 나는 아이들이 굳이 페미니즘을 배우지 않아도 되는, 평등이 당연한 세상에서 살게 되길 꿈꾼다.

참고한 책들

게르드 브란튼베르그, 노옥재 외 옮김, 『이갈리아의 딸들』(황금가지, 1996)

김서영 외, 『대한민국 페미니스트의 고백』(IFBOOKS, 2017)

김은하 외, 『소녀들』(여이연, 2017)

리베카 솔닛, 김명남 옮김, 『남자들은 자꾸 나를 가르치려 든다』(창비, 2015)

록산 게이, 노지양 옮김, 『나쁜 페미니스트』(사이행성, 2016)

메리 울스턴크래프트, 문수현 옮김, 『여성의 권리 옹호』(책세상, 2011)

벨 훅스, 이경아 옮김, 『모두를 위한 페미니즘』(문학동네, 2017)

(사)여성문화이론연구소, 『페미니즘의 개념들』(동녘, 2015)

수전 팔루디, 황성원 옮김, 『백래시』(arte, 2017)

우에노 치즈코, 나일등 옮김, 『여성 혐오를 혐오한다』(은행나무, 2012)

윤보라 외, 『그럼에도 페미니즘』(은행나무, 2017)

이민경, 『우리에겐 언어가 필요하다』(봄알람, 2016)

정희진, 『낯선 시선』(교양인, 2017)

정희진 외, 『소녀, 설치고 말하고 생각하라』(우리학교, 2017)

정희진, 『페미니즘의 도전』(교양인, 2013)

최지은, 『괜찮지 않습니다』(RHK, 2017)

치마만다 응고지 아디치에, 황가한 옮김, 『엄마는 페미니스트』(민음사, 2017)

치마만다 응고지 아다치에, 김명남 옮김, 『우리는 모두 페미니스트가 되어야 합니다』(창비, 2016)

토니 포터, 김영진 옮김, 『맨박스』(한빛비즈, 2016)

페기 오렌스타인, 구계원 옮김, 『아무도 대답해주지 않은 질문들』(문학동네, 2017)

프랑수아즈 에리티에, 박찬규 옮김, 『남녀차별은 왜 생겨났나?』(구름서재, 2017)

하루카 요코, 지비원 옮김, 『나의 페미니즘 공부법』(메멘토, 2016)

홍승은, 『당신이 계속 불편하면 좋겠습니다』(동녘, 2017)

홍혜은 외, 『페미니스트 선생님이 필요해』(동녘, 2017)

내가 진짜 하고 싶은 말
ⓒ 정수임, 2018

초판 1쇄 발행 2018년 8월 27일
초판 2쇄 발행 2019년 2월 28일

지은이 정수임
펴낸이 김혜선 **펴낸곳** 서유재 **등록** 제2015-000217호
주소 (우)04034 서울 마포구 잔다리로7길 18(서교동 377-20) 403호
전화 070-5135-1866 **팩스** 0505-116-1866 **대표메일** outdoorlamp@hanmail.net
종이 엔페이퍼 **인쇄** 성광인쇄

ISBN 979-11-89034-05-4 43330